U0919827

教育部人文社会科学研究一般项目“医疗损害责任认定的裁判规则及类型化研究”（项目批准号：11YJC820102）

医疗侵权责任的认定及类型化研究

石旭雯 著

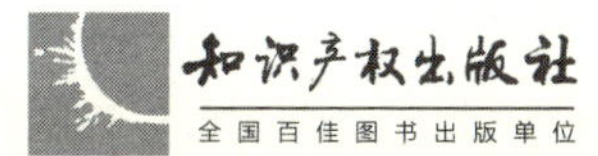

图书在版编目（CIP）数据

医疗侵权责任的认定及类型化研究／石旭雯著．—北京：知识产权出版社，2017.3

ISBN 978－7－5130－4734－0

Ⅰ.①医…　Ⅱ.①石…　Ⅲ.①医疗事故—侵权行为—民事责任—研究—中国
Ⅳ.①D922.164

中国版本图书馆 CIP 数据核字（2017）第 017338 号

责任编辑：刘　睿　刘　江　　　　**责任校对**：潘凤越
封面设计：张国仓　　　　**责任出版**：刘译文

医疗侵权责任的认定及类型化研究

Yiliao Qinquan Zeren de Rending ji Leixinghua Yanjiu

石旭雯　著

出版发行：知识产权出版社有限责任公司	网　　址：http://www.ipph.cn
社　　址：北京市海淀区西外太平庄 55 号	邮　　编：100081
责编电话：010－82000860 转 8113	责编邮箱：liurui@cnipr.com
发行电话：010－82000860 转 8101/8102	发行传真：010－82000893/82005070/82000270
印　　刷：保定市中画美凯印刷有限公司	经　　销：各大网上书店、新华书店及相关专业书店
开　　本：720mm×960mm　1/16	印　　张：14.5
版　　次：2017 年 3 月第一版	印　　次：2017 年 3 月第一次印刷
字　　数：204 千字	定　　价：38.00 元

ISBN 978－7－5130－4734－0

目　　录

第一章 医疗侵权责任法视野下的医患关系

医患关系是现代社会中非常重要的社会关系，“医学的目的是社会的，它的目的不仅仅是治疗疾病，使某个机体康复；它的目的是使人调整以适应它的环境，作为有用的社会成员。每一种医学行动始终涉及两类当事人：医生和患者，或者更广泛地说，医学团体和社会，医学无非是这两群人之间多方面的关系”。❶ 因此，医患关系是一种非常广泛的社会关系，它不仅关涉特定医生与特定患者之间的关系，更关涉以医生为核心的医疗群体与患者人众的社会关系，而和谐的医患关系是特定社会进步文明的体现。由于医生社会地位的崇高性，在较长的历史时期内，医患关系局限于社会学和伦理学的考察范围，医疗行业仅仅受到伦理道德的约束，医生和医疗机构免受法律制度和法律责任的约束，在法国将这种观念称为“法律不入医界”。❷ 但是，随着人权思想的逐渐成熟和发展，医患关系也逐渐进入法律视野，并通过权利义务的设定以及责任的规范来调整患者和医生之间的社会关系，医疗侵权责任是医患关系冲突在法律领域的集中体现，并且由于医患关系与普通民事关系的区别，使得医疗侵权责任法律制度与普通的民事法律责任相比，具有非常显著的特征，因此，对医患关系的探究是研究医疗侵权责任的基础。

---

❶ ［美］H. P. 恰范特、蔡勇美、刘宗秀、阮芳赋：《医学社会学》，上海人民出版社 1987 年版，第 67 页。

❷ 陈忠五：“法国法上医疗过错的举证责任”，见朱柏松等：《医疗过失举证责任之比较》，华中科技大学出版社 2010 年版，第 96 页。

第一节　医患关系的法律分析

一、医患关系的概念及多重性

（一）医患关系的概念

医患关系就是医方和患方之间的社会关系，是患者和医生在疾病的诊疗或者缓解疾病过程中发生的相互关系。而任何一种社会关系的研究均涉及关系参与者之间的地位、行为的互动和行为的结果。研究医患关系就是要明确医患关系的参与者及其之间的互动关系。医患关系有狭义和广义之分，狭义的医患关系以医疗行为为核心，是病患与医生之间形成的治疗与被治疗的关系。而广义的医患关系是指以医生为主的群体与以患者为主的群体在治疗和缓解患者疾病的过程中所建立的相互关系，广义医患关系中的医方，除了医生外，还包括护理、医疗技术人员、管理和后勤人员等医疗群体；而患者一方，还包括与患者有关系的亲属、监护人、单位组织等群体。更广义的医患关系中“医”应包括一切与医疗活动有关的人员及组织，还包括基于社会公共利益而发生的公共卫生机构及医疗卫生政策的制定者、临床科研工作者等。而医患关系中的“患”既包括患者，还包括与患者有关联的亲属、监护人、单位组织等群体。尤其是患者失去或不具备行为判断力时（如昏迷休克的患者、婴儿等），与患者有关的人往往直接代表患者的利益。患方还包括一些身体健康的人，例如参加正常体检者、进行产前诊断的孕妇、接受预防疫苗接种的儿童、婚前检查者等。另外，广义的医患关系还包括特殊医方与患者之间形成的强制性医患关系。

（二）医患关系的多重属性

1. 社会学角度的医患关系

从社会学角度观察，医患关系是一种特殊的人际关系，是医生和患者这两个社会角色互动所形成的社会关系。医患之间具有交往上的不对等性。患者在知识的掌握上，与医生相比，始终处于弱势地位，并且医生基于专业知识的掌控，对于患者常常处于命令的地位，而患者则往往属于依附者的地位。在情感交流的过程中，患者基于治疗的目的，会向医生表现出高度的信任，甚至为治疗之目的而告知隐私。

2. 伦理学角度的医患关系

“从医学发展史看，医患关系最初是作为一种伦理关系出现的，这是医患关系最基本的、起主导作用的属性。”❶ 伦理是指人类社会中人与人之间，以及人们与社会、国家的关系和行为的秩序规范。任何持续影响全社会的团体行为或专业行为都有其内在特殊的伦理要求。“患者”的身份源自于罹患疾病，他们在医生面前是被动的、软弱的。患者与医生之间天然存在不对等性，医生对病状、病情、治疗方法和手段、预后等拥有更多的信息和知识，医患之间的心理互动和行为互动，是双方伦理观念的体现。因此，医患双方尤其是医方行为是依据群体的道德规则来实施的。换言之，医疗活动中的医生和患者都是一定文化中的个体，当这种关系建立时，必然形成一种文化冲突或融合，并影响医患关系的进一步展开。因此，医患关系在一定程度上可以说是道德关系，体现医患双方的伦理道德水准。有学者进一步认为，医患双方处于“施助者”和“求助者”的关系。

3. 经济学角度的医患关系

从经济学角度看，医患关系是一种商品交换关系，医疗机构及医务人员是医疗服务的提供者，患者是医疗服务的消费者，医疗机构及医务人员生产医疗服务所付出的劳动必须通过收费得到补偿，患者接受医疗服务必须付费。否则，医疗服务就无法完成生产和再生产。这种付费与收费的关系，就是商品交换关系，同样要遵循等价交换的基本原则。当然，由于涉及人的生命健康，医患关系又不同于普通的商品交换关系，必须以尊重人

❶ 郑大喜：“社会转型期医患关系的异化及重构”，载《医学与哲学》2009年第1期，第27页。

的生命、维护患者利益为基本的价值追求。

二、医患关系的法律分析

医患关系不仅是一种人际关系、商品交换关系、伦理关系，也是一种法律关系。法律并不调整所有的社会关系，医患关系进入法律视野亦是晚近逐渐发生的。例如，日本曾经坚守“医学是仁慈艺术”这样的传统思想，成为医师的伦理规范及自律规范，也成为压制法律介入及干预医疗群体的重要因素。在日本旧刑法时代，纵然没有医疗犯罪的明文的规定，但仍主张“合于法令或习惯的业务行为”无罪。也由于这样的时代背景，在当时医师的医疗行为，只要是正当的义务行为就阻却违法性。[1] 然而，随着医疗技术的发展和患者权利意识的崛起，医疗纠纷日益增多，医患关系也渐渐进入法律的领域。关于医患关系的性质，曾经存在行政法律关系说和民事法律关系说的分歧。目前主流理论认为医患关系属于民事法律关系。而主体平等、意思自治和等价有偿是民法的基本法律原则。事实上，除了私法性质的医患关系，在特殊情况下，还存在一部分具有公法性质的医患关系。

（一）私法性质的医患法律关系

在大多数情形下，医患之间的关系是平等的民事法律关系。

1. 医患双方之间的身份平等

尽管医患双方之间存在医学知识、技术及相关信息上的不对等，但双方之间的身份是完全平等的，患者对医疗机构及医生均不存在任何人身依附关系，双方之间也不存在管理与被管理的关系。无论历史变迁如何，医患双方的身份都是平等的。医患关系中，虽然从事具体医疗行为的主体是医生，但医患关系的医方当事人应当是医院而不是医生。因为在我国的医疗体制中，医生隶属于医疗机构，接受医疗机构的管理和约束，因此，医务人员在执行职务中，由于违反技术规则造成患者人身损害的应当承担责

[1] 黄丁全：《医事法》，中国政法大学出版社2003年版，第5页。

任的，其直接责任人员是医疗机构，而不是医务人员。

2. 医患双方遵循意思自治的原则

在医患关系成立之前，即患者与医生建立诊疗救治关系之前，医疗机构及医生与患者之间并不存在法律关系，病人有选择医院和医生的自由，医方对病人也具有一定的选择权。在医患关系成立之后，在治疗与被治疗的过程中，医生同样要尊重患者的意思，在作出诊疗措施之前都应该告知患者并征求其意见。

3. 医患双方之间是一种等价有偿关系

患者接受诊疗服务必须支付费用，而医疗机构及医师提供医疗服务要收取相应报酬，二者之间是等价有偿的商品交换关系，从整个社会的角度讲，医院与患者之间的利益是平衡的，双方的权利义务是符合等价有偿原则的。

（二）公法性质的医患关系

公共卫生领域的医患关系则属于强制性医患关系。强制性医患关系是指卫生行政部门、医疗机构基于法律的强行规定而与患者之间发生的强制性的诊疗关系。强制性医疗行为发生的原因是国家基于集体防卫之目的、公益目的而对公民生命和身体健康的维护，主要包括传染病的强制防治、特殊疾病的强制治疗以及法定的急救医疗等。例如根据《传染病防治法》和《突发公共卫生事件应急条例》实施的强制性的计划免疫行为、对甲类传染病病人的强制治疗和隔离。这类医患关系的法律特征包括以下三个方面。

（1）公共卫生领域，医患关系的产生并非基于医方与患方的自愿，而是基于法律的规定，例如我国《执业医师法》第28条规定："遇有自然灾害、传染病流行、突发重大伤亡事故及其他严重威胁人民生命健康的紧急情况时，医师应当服从县级以上人民政府卫生行政部门的调遣。"第24条规定："对急危患者，医师应当立即抢救进行诊治，不得拒绝急救处置。"

（2）在公共卫生领域，医患双方处于不平等的法律地位。例如2003年国务院颁布的《突发公共卫生事件应急条例》中明确规定，在突发事件发生后，国务院和省、自治区、直辖市人民政府设立突发事件应急处理指挥部，负责对突发事件应急处理的统一领导、统一指挥，卫生部门和其他有关部门在各自的职责范围内，做好相应工作。

（3）在公共卫生领域，医患双方关系的主导权掌握在卫生行政部门一方。医患关系的产生、变更和消灭主要以政府和卫生行政部门的单方意思表示为根据。强制防治和强制治疗不以患者的意志而改变，行政主体可以出于对公共利益的考虑，单方作出意思表示，相对方必须予以尊重和执行。

本书主要研究私法性质的医患关系。

（三）平等医患法律关系成立的特殊性

除了医患双方意思自治，医患法律关系的成立还必须具备以下要素。

1. 特定场所

法律上的医患关系必须是医方与患者在合法的医疗机构场所内所发生的医患关系。如果并非是在医院或者医生所开设的诊所内发生的医疗事件就不属于医患关系（家庭医生除外），例如，医生在非职业场合，偶遇病患发病情形，而利用专业知识救助于他人的不产生医患关系；又如医生在非行医场所针对熟人或者朋友的咨询而作出的回答，也不产生医患关系，在上述场合所作出的行为和发表的言论不承担法律责任。

2. 特定时间

法律上的医患关系必须是在特定时间才能成立。医患关系的成立必须是医生在岗时间内发生，如果并非在岗时间，即使医生当时在场，也不产生医患关系。

3. 特定程序

法律上医患关系的建立必须具备特殊的程序要件。医患法律关系的建立必须要经过患者挂号就诊程序，否则，法律上的医患关系不成立。例如通过熟人关系不挂号而直接找医生就诊，在医疗机构和患者之间不产生医患关系，医患关系建立在就诊医师和患者之间，即如果发生医患纠纷，医疗机构不承担法律责任，而由医师个人承担法律责任。

4. 特定目的

法律上医患关系的建立必须是患者具有求医的目的。例如保险公司委托医院为客户进行体检，由于患者并无就医的目的，所以即使医生未正确诊断或者发现异常，也不产生医患关系。

三、医患法律关系的特点

（一）医患关系主体的特殊性

关于医患关系的主体，学术界有三种观点，第一种观点认为，医患关系主体包括医务人员和患者，该种观点直接反映在 1987 年的《医疗事故处理办法》中，在该办法中规定医疗事故的行为主体是“医务人员”，强调非医务人员的诊疗行为造成的损害后果不属于医疗事故；2002 年颁布的《医疗事故处理条例》中，则将医方的范围扩大至医疗机构，明确将医疗机构列为医疗事故的行为主体。第二种观点认为，医患关系的医方不仅包括医疗机构和医师，还包括护士、医技人员，以及卫生部门乃至政府；而患方除病人外，还包括病人的亲属、单位，有时包括整个社会。[1]第三种观点则认为，医患法律关系的主体是医方和患方，其中，医方包括医师和医疗机构，患方包括病人及其近亲属、监护人。[2]

本书认为，医患关系的医方包括医疗机构和医师，各国对医方的主体资格上均有严格的法律要求。例如我国的《医疗机构管理条例》《医疗机构管理条例实施细则》规定，医疗机构只有在取得批准书、履行登记手续，领取《医疗机构执业许可证》后，才能开展相应的诊断、治疗活动。

---

❶ 曹永福：“医患之间的伦理难题及解决原则”，载《医学与哲学》2001 年第 9 期。

❷ 卞晶晶：《最新医疗事故纠纷的鉴定程序、举证责任与赔偿计算全书》，京华出版社 2002 年版，第 124 页。

其包括各类医院、疗养院、门诊部、卫生所、医务室、急救中心、护理院、护理站等；并且医疗机构的执业范围和医务人员的职业范围均受到严格的限制，根据《执业医师法》的规定，医师的执业要受到“执业地点、执业类别、执业范围”的限制。患方仅包括患者本人，但是患者的亲属和监护人在患者表意能力受限的情况下，担任患者的代理人。

（二）医患关系客体的特殊性

法律关系的客体是主体权利义务所指向的共同对象。医患关系的客体究竟是医疗行为还是患者的人身利益？笔者认为，医患关系的客体是医疗行为，因为医疗行为针对的是患者的身体或者心理，其所蕴含的伦理价值具有至高无上的地位，决定了在医患关系的处理上必须遵循特殊的伦理原则。

（三）医患之间信息不对称

尽管从法律上分析，医患双方均是平等的主体，享有平等的人格权。但在医疗过程中，患者对于医方具有强烈的依存性和依赖性。患者和医方在专业知识的拥有上具有不对称性，尤其在医学迅猛发展、高度分化和高度综合的当代，任何人都不可能精通医学的各个领域，更何况作为门外汉的患者。医患双方信息不对称表现为在医疗过程中，医方基于专业技能，对于医疗方案的制定和医疗手段的选择，具有主导地位，而患者处于依存和接受、遵守的地位。

（四）医患关系受特定行业规范调整

医疗行业对医疗机构和执业医师有着严格的管理和专门的要求，并且不同的患者、不同的时间、不同性质的医患关系的具体内容和执行方式均受到不同的行业规范的调整。如预防医学、公共卫生和计划生育等行政性公益医学与其他临床医学的服务内容和服务方式有明显不同；灾难性援助、急救医学的内容也与普通的诊疗技术有着显著区别，但其对就医人的诊断治疗和保健以及手术方式、药品材料与康复方案的确定，均有一定的行业惯例、临床指征和可选择的范围，具有医疗行业的惯常性标准和相应的原则。

（五）医患关系的具体内容不确定

医疗行为的专业性和复杂性，以及患者个体的差异性，决定了医患关系的具体内容具有不确定性，就患者的健康而言，其病患原因可能是心理的，也可能是生理的；就其疾病症状，可能是躯体性症状，也可能是精神性症状，在躯体性症状中还可能存在各种不同的表现，这些不同的症状在一定条件下可能综合出现，有的甚至可能相互掺杂转换而变得错综复杂。因此，医疗合同对医疗行为的实施方式、治疗时间和医疗后果、医疗费用都不可能做到明确具体的约定。这些因素决定了医患关系的具体内容具有不确定性。

四、医患关系的类型

（一）医学上的划分

美国学者萨斯（Szasy）和荷伦德（Hollender）于1956年提出医患关系的基本模式，[1] 该模式根据医生和病人的地位和主动性大小将医患关系分为3种：（1）主动—被动型（the model of active - passivity）。在这种医患关系中，医生不给病人提供自主选择的机会，唯有命令式地让病人接受，病人对医生唯命是从。这是一种“父权主义型”（paternalism）的医患关系，医患双方处于不平等的地位，医生处于主动的地位，患者处于被动的地位。（2）指导—合作型（the model of guidance - cooperation）。这是现代医疗实践中最常见的模式。医生告诉病人做什么，并做简单的解释，患者具有一定地位和主动性，例如主动诉说病情，反映诊疗中的情况，配合医生的检查和治疗。但医生不喜欢病人表示异议或过多地提出问题，并且患者对于医生的诊疗措施，既不能提出异议，也不能反对。在这种医患关系中医生仍然处于权威地位，医患双方地位仍不平等。（3）共同参与型（the model of mutual participation）。这是目前大力提倡并代表医患关系

[1] 黄丁全：《医事法》，中国政法大学出版社2003年版，第229页。

发展方向的模式。在此种模式中，医患双方充分交流，患者主动配合和参与医生治疗，提供各种信息，帮助医生作出正确诊断，甚至患者还与医生一起商讨治疗措施，共同作出决定。

医疗父权主义的模式基于患者对于医生的绝对信任，而信任的来源在不同时代具有不同的表现。在人类社会早期，医生的职业具有神性根源，由于医疗技术的局限性，人类主要借助巫术或者宗教从心理上来应对疾病；随着医疗技术的发展，医学渐渐从神坛走向世俗，医疗的科学性和成效性成为大众信赖的根源。传统的医疗模式以父权主义为主流，但是，随着患者自主意识的加强，父权主义的医患关系遭到冲击。

（二）医学伦理学上的划分*

（1）信托（fiduciary or trustee）模式。患者将自己的健康和身体以"信托"的方式交付给医生，医生在道义上有义务按照患者的最佳利益进行治疗。此种模式中，尽管医生要考虑患者的意愿，但最终是由医生对医疗决定负责。它较适合于患者不具有表意能力或者患者请求医生代为决定的场合。

（2）神父（priestly）模式。即传统的父权主义医患关系类型。在此种模式中，医生被赋予宗教式的或神灵式的权威，而忽视个体的自主、自由、尊严。该模式仅关注患者医学上的需求。

（3）工程（engineering）模式。在此种模式中，医生以应用科学的态度，剥离自己的价值判断，将所有的事实呈现给患者，并将决定权和相关责任留给患者。

（4）客户—销售者（customer - salesperson）模式。在此种模式中，医生所做的只是真诚地回应患者的要求，而最终的责任承担者是患者，医生对医疗决定不承担任何道德责任。

---

* [英] 厄莱斯代尔·麦克林：《医疗法简明案例（影印本）》，武汉大学出版社2004年版，第15~18页。转引自赵西巨：《医事法研究》，法律出版社2008年版，第121~122页。

（5）同仁或伙伴（collegial or partnership）模式。在此模式中，医患双方共同承担决策的责任。但是，由于医生具有专业知识的优势，以及医患之间价值观的差异，因此此种模式的现实性颇让人怀疑，此种模式不适合患者丧失充分的自主权的场合。

（6）契约（contract）模式。此种模式中，医患双方之间的关系类似于基于平等自由而建立的契约关系。医疗行为的内容取决于医患双方的协商，医生不会提供一个其不认同的医疗方案，也不会违背患者的意愿对其进行治疗。医疗决策权更多地交付给患者，而医生的职责在于提供可供选择的治疗方案、帮助患者理解信息并作出决定，以及具体实施双方共同认可的治疗方案。此种模式尊重医患双方的自主权和价值观，因而有利于双方信任关系的发展，但不适用于丧失意思表达能力的患者。

（三）法律上的分类

此处仅讨论私法性质的医患关系。

（1）医疗契约法律关系，也可称为医疗合同法律关系，是医方与患者就疾病的诊治、护理等医疗活动所形成的意思表示一致的民事法律关系。医疗契约法律关系的形成遵循契约成立生效的一般规则。医方是要约方，其要约行为表现为开业及表明医疗服务内容，患者的挂号行为是承诺行为。关于医患合同的性质，学者的观点并不统一，例如我国台湾地区学界就有委任契约说、雇佣契约说、承揽契约说、混合契约说。[1]我国最高人民法院《民事案由规定》中，将医疗纠纷归类为“医疗服务合同”，但我国《合同法》中并无“医疗服务合同”的规定，因此，其实质是将其当作无名合同处理。

（2）医疗无因管理关系，是指医方在没有法定或者约定义务的情况下，为避免患者生命健康受到损害，而自愿为患者提供医疗服务而发生的医患关系。实践中，医疗无因管理关系的发生主要基于下列情形：医生在

[1] 黄丁全：《医事法新论》，法律出版社2013年版，第75~80页。

医院外，发现危急或者昏迷之患者而予以救助；对自杀未遂而不愿就医者，予以救治；特定的第三人将无自主意识的患者送至医院，医院对其进行救治而第三人又无负担治疗费用的意思。根据医疗无因管理关系发生的场所不同，可将其分为医院外的无因管理关系和医院内的无因管理关系，医院外的无因管理关系因设备和场所所限，仅在医方具有故意和重大过失的情况下才承担损害赔偿责任，而在医院内的无因管理，医方应承担善良管理人的注意义务。

第二节　医疗行为的法律分析

医疗行为是医生和患者之间建立互动关系的主要环节，而医疗侵权责任的产生也正是基于不恰当的医疗行为，与普通的侵权行为相比，医疗行为具有专业性、技术性，因此与其相关的法律制度的建立也具有特殊性。

一、医疗行为的技术内涵

医疗行为的法律界定必须建立在医学界定的基础之上，随着医学的发展，医疗行为的定义和范围也在不断地发展变化。因此，只有明确医学领域对于医疗行为的确认才能对医疗行为进行准确的法律界定。

（一）医疗行为医学内涵的变迁

从医学角度分析，医疗行为就是具有现代医学内涵的行为，其含义和内容随着医学的发展而发展。是否属于医疗行为取决于行为的方法和行为的目的。在不同的历史时期，医疗行为的方法可能会存在质的不同，但以治疗疾病为目的则不存在根本的不同。在医学发展史上，早期由于人们认知能力和疾病诊断治疗能力的限制，医学与神学、巫术联系在一起，尚不具备自己独特的体系和方法，即原始医学时期。在医学漫长的发展过程中，经历了原始医学、古代经验医学、近代实验医学和现代医学的阶段。

1. 原始医学时期

由于受到人类认知能力的限制，医学的宗教色彩浓郁，宗教与非宗教的经验医学混杂。在欧洲中世纪，神学渗透到一切领域，医学也由僧侣掌握，由于只有僧侣能够学习拉丁语，因而能够掌握古代流传下来的医学知识，因此僧侣们既为病人看病，也为他们祈祷，把疾病的治疗视为“神圣的奇迹”，成为所谓的“寺院医学”，而朴素的医药知识发展为医学和药学的过程，则与一定的哲学思想有关。如我国的医学受阴阳五行思想的影响，而希腊的医学受四元素思想的影响。而中世纪的医学又与神学联系在一起，之后经院哲学主宰着医学的精神内核。

2. 古代经验医学时期

古代医学是医学发展的初步阶段，通过对人体和疾病的大量观察和综合概括，建立起第一个科学的人体观和疾病观，使医学从巫术中解放出来，衍变为初步的科学。古代医学的方法论是整体方法论，其特点是根据朴素唯物主义的自然观，从整体上把握人体与环境的联系，从而主张人体与疾病的物质性及运动性，通过对人体生命和疾病现象的大量观察和综合概括，从而战胜了当时占统治地位的“鬼神致病”学说，使医学摆脱巫术，上升为初步的科学。由于科学水平和技术手段的限制，古代医学对器官以下各层次的认识只能停留在逻辑推理的阶段，因而对人体和疾病的认识停留在表层，无法进入深层次的阶段，因此对于人体和病理过程的分析只能是现象的描述、猜测性的思辨和经验的总结。

3. 近代实验医学时期

文艺复兴的发展和资本主义制度的建立也促使近代医学的产生和发展，培根建立起来的经验主义促进了医学的进一步发展，提倡观察实验，主张一切知识来自敬仰，并提倡归纳法。笛卡尔的机械论观点在生理科学中的应用也促进了医学的发展。随着实验、量度以及显微镜的应用，医学上先后提出了人体解剖学、血液循环学说、细菌学、细胞病理学说，标志着人类对于自身和疾病的认识进入分析实验医学时代。分析实验医学时代医学理论的特点在于利用还原论（reductionistic approach）的方法，其基本的原理是将复杂的事物分解为较简单的事物，或将高层次的事物分解为低层次的事物。将其运用于医学即将复杂的生命过程还原为简单的物理、化学和机械过程，利用物理规律和化学规律认识和分析人体的生理和病理变化，采用实验分析的方法，对人体的机构和功能，对疾病的症状与机制都有了更加深入的认识。

4. 现代医学阶段

近代医学经过16~17世纪的奠基，18世纪的系统分类，19世纪的大发展，到20世纪与现代科技紧密结合，发展成为现代医学。各学科之间的交叉融合是现代医学的特征。现代医学融合了生物学、电子学、工程学等多项现代科学技术，吸收唯物辩证法的精髓，借鉴系统论思想，形成以系统辩证综合为特点的现代医学。20世纪医学的特点是一方面向微观发展，如分子生物学；另一方面又向宏观发展。不仅强调人体自身是一个整体，还强调人与其所存在和进行活动的环境有着不可分割的紧密联系。人类是自然界和社会长期发展的产物，是自然和社会的复合体。因此，既要看到人的自然属性，又要看到人的社会属性；既要看到人的生理活动，又要看到人的心理活动；既要看到人的生理因素在健康和疾病过程中的作用，又要重视心理因素和社会因素对健康和疾病的影响。

（二）医疗行为的技术界定

在社会学意义上的医疗行为应当是符合现代医疗理论和医学手段的行为。医疗行为具有自然的和社会的双重属性，从现代医学的角度出发，“医疗行为是指运用现代医学知识，运用医疗技术以恢复、保持和增强人的身心健康为目的的活动”。[1] 可见，医疗行为是建立在现代医学理论和技术支撑下的诊断、治疗、康复、预防及相关行为。因此，基于民间信仰而从事的焚香礼拜、祷告祈福、口念咒语等以“治病”为目的的行为均不属于医疗行为。一般意义上，医疗行为总是与疾病的存在为前提，以对疾病的诊断和治疗为根本目的。但随着现代医学技术和医疗手段的发展，

[1] 黄丁全：《医事法新论》，法律出版社2013年版，第21页。

医疗技术和手段已经不再局限于以人类身体机能康复为目的的诊疗行为，还包括疾病的预防及复健，因此现代医疗行为的范围比较广泛，包括疾病的检查、诊断、治疗、手术、麻醉、注射、给药以及处方、病历记录、术后疗养指导、中医的望闻问切以及推拿等均属于医疗行为；甚至某些不以疾病的存在为前提，而以提升生活品质、满足特定需求的行为也属于医疗行为的内容。例如整形、按摩、针灸、采集血液、采集精卵、人工授精、体外授精、变性手术等行为。除上述两类行为之外，以提高医学水平和医疗技术的医疗实验也属于医疗行为的范畴。可见，医疗行为不以疾病的诊断治疗为唯一目的。因此，本书认为从技术角度而言，医疗行为是以医学知识和技术对于人的疾病予以干预或预防以及运用医学知识或者技术提升人的生活品质或者满足特定需求的行为，或者以提高医疗技术为目的的医疗实验行为。

二、医疗行为的法律内涵

（一）医疗行为法律界定的比较法研究

1. 我国台湾地区关于医疗行为的界定

我国台湾地区关于医疗行为的界定有广义和狭义两种模式。❶ 广义的医疗行为是指有关疾病的诊断治疗与减缓、疾病预防、畸形矫正、助产与堕胎，以及各种基于治疗目的以及增进医学技术的实验行为的总称。包括临床性医疗行为、实验性医疗行为、诊疗目的性医疗行为和非诊疗目的性医疗行为。因此，诸如整形、按摩、针灸、采集血液、采集精卵、人工授精、体外授精、变性手术等行为都属于治疗行为。狭义的医疗行为，是指引用医学的原理、医术规则以治疗方法除去疾病或预防肉体或精神上痛苦的行为。❷ 狭义的概念以台湾“行政院卫生署”1976 年 4 月 6 日“卫生

---

❶ 李胜隆：《医护法规概论》，（台北）华杏出版股份有限公司 1993 年版，第 54 页。

❷ 黄丁全：《医事法新论》，法律出版社 2013 年版，第 22 页。

署”医字第107880号函中对于医疗行为的认定为代表：“凡以治疗、矫正或预防人体疾病、伤害残缺或保健为直接目的所为之诊察、诊断及治疗或基于诊察、诊断结果，以治疗为目的为之处方或用药等行为之一部或全部之总称，为医疗行为。”

2. 日本关于医疗行为的界定

日本有学者将医疗行为分为广义的医疗行为和狭义的医疗行为两种。[1] 广义的医疗行为，是指出于医疗目的而实施的行为，包括疾病的治疗与预防、生育的处置、按摩、针灸等符合医疗目的的行为。也就是说，广义的医疗行为还包括一些不会对人体产生危险性的行为。狭义的医疗行为，则是指在广义的医疗行为中，只能由医师实施的行为。这与我国台湾地区学者所说的广义的医疗行为和狭义的医疗行为有所不同。

3. 我国法学界对于医疗行为的界定

我国立法中并没有“医疗行为”的界定，我国法学界对于医疗行为的界定有如下几种：(1)“医疗行为是指医疗机构及其医务人员借助其医学知识、专业技术、仪器设备及药物等手段，为患者提供的紧急救治、检查、诊断、治疗、护理、医疗美容以及为此服务的后勤和管理等维护患者生命健康所必需的活动的总和”；[2]（2）“医疗行为是指医务工作者出于正当目的，经就诊人或其监护人、亲属、关系人同意，对其进行身体健康检查、疾病治疗或进行计划生育手术的行为”；[3]（3）“医务人员对患者疾病的诊断、治疗、预后判断及疗养指导等具有综合性内容的行为”。[4] 可见，我国法学界对于医疗行为的界定强调其主体的合法性。

---

[1] ［日］平野龙一等编：《注解特别刑法5－II》，青林书院1992年版，第10～44页。

[2] 王利明：《中国民法典学者建议稿及立法理由——侵权行为篇》，法律出版社2005年版，第265页。

[3] 王政勋：《正当行为论》，法律出版社2000年版，第346页。

[4] 柳经纬、李茂年：《医患关系法论》，中信出版社2002年版，第14～27页。

（二）医疗行为的法律界定

我国医事法律中并没有“医疗行为”的概念，多以“诊疗活动”称之，如《侵权责任法》第54条表明“诊疗活动”的存在是医疗侵权成立的要件，但对于“诊疗活动”并无法律界定。《医疗机构管理条例实施细则》第88条第1款规定：“诊疗活动，是指通过各种检查，使用药物、器械及手术等方法，对疾病作出判断和消除疾病、减轻痛苦、改善功能、延长生命、帮助患者恢复健康的活动。”此乃从医疗行政管理角度对诊疗行为进行的界定，揭示了“医疗行为”的技术性特征。而法律上的医疗行为除了必须坚持医学技术性之外，还要求必须具备外在的合法性和主体合法性。

1. 医疗行为以医学手段为要素

医疗行为具备医术正当性和医学适应性。此乃医疗行为与非医疗行为的本质区别。医术正当性，是指医疗行为在医学上是正确的，按照获得承认的医疗技术的水平所实施的。例如凡有关诊断、各种疾病之检查、注射、投药、药液的涂抹、外科手术、人工呼吸、其他以维护公共卫生为目的之各种疾病预防的行为都属之。医学适应性，是指医疗技术必须在医疗专业上得到承认，由于医学的不断进步，医疗技术的不断革新，医疗形态必将因个人与社会的期待而有所变化，因此医疗行为的医学适应性必因个人与社会的期待而有所变化。医术正当性还要求医疗行为必须按实施当时的医疗水平以相当的方法进行，如果属于实验医疗，对其正当性的判断必须建立在基于提供完整信息而得到病患同意的基础上，如果得到病患同意则具备正当性。医疗行为正当性的另外一个标准是对医疗行为的有害性和有效性进行利益衡量，当有效性超过有害性，具有客观治疗效果时，就是正当医疗行为。❶

❶ 黄丁全：《医事法新论》，法律出版社2013年版，第22～23页。

2. 医疗行为是以一定的医疗效果为目的的行为

早期医疗效果仅以疾病症状的减缓或治愈为目的，仅指引用医学的原理、医术规则以治疗方法除去疾病或预防肉体或精神上痛苦的行为，也可称其为狭义的医疗行为。随着现代医疗技术的发展和人们对医学技术需求的提升，医疗行为所追求的医疗效果则不仅以应对疾病为目的，还包括提升患者生活质量的目的，如整形、人工生殖、变性手术，以及为医学发展而从事的医学实验行为，也可称其为广义的医疗行为。据此，广义的医疗行为包括临床性医疗行为、实验性医疗行为、诊疗目的性医疗行为、非诊疗目的性医疗行为。

3. 医疗行为的主体具有特定性

只有根据《医疗机构管理条例》及其实施细则的规定进行设置和登记的医疗机构才能从事医疗行为。因此，非医疗机构从事诊断治疗行为应被认定为非法行医。只有依法取得设置医疗机构批准书、并履行登记手续，领取了医疗机构执业许可证的组织和个人才可以从事医疗行为。根据《执业医师法》的规定，必须通过医师资格考试，取得医师执业证书后，方可从事医疗、预防和保健活动。因此，医疗行为的主体必须是经过行政审批的主体，不具有资质的组织和个人从事医疗行为，属于非法行医。医疗行为中的患者应当是人类而不包括宠物。

因此，本书认为医疗行为的法律内涵为：具有合法资质的医疗机构或者医护人员所实施的具有医术正当性和医疗适应性的临床性医疗行为、实验性医疗行为、诊疗目的性医疗行为、非诊疗目的性医疗行为的总称。

三、医疗行为的特征

医疗行为的特征是医疗行为区别于其他行为的质的特点，更是对医疗行为进行法律规制应当采取的特殊原则和方法的依据。

（一）医疗行为的专业性

医疗行为是运用医学理论和技术进行疾病的诊断和治疗的职业行为，医学科学的专门性、复杂性、技术性、综合性要求从业人员必须受过严格的专业训练，经过专门的资格考试才具有从业资格。“医学科学是所有科学领域中的一门最高难的科学，是集所有自然科学与社会科学于一身的科学。在自然科学方面，它不仅要应用生物学与化学等方面的知识，而且还要应用声学、光学、力学、原子、材料等各种物理学知识，以及数学、几何、天文地理等各种自然科学知识；在社会科学方面，要涉及哲学、心理学、美学、伦理学、法学、逻辑学、信息学、思维学、经济学、管理学、人口学、文学、语言学，甚至考古、音乐、舞蹈、体育、军事、灾难、宗教、神学、星象学等，这些均是医学科学所涉及和研究的范围。”[1]

（二）医疗行为的伦理性

医疗行为是以“治病救人”为根本目的的行为，其行为本身就具有公益和救助的性质，所以自古以来对于医疗行为的伦理要求较高。如我国古代称“医乃仁术”，而流芳百世的“希波克拉底誓言”更是规范了医者应当遵循的伦理规范。现代医学尽管发生巨大的进步，但上述理念仍然为现代医学所遵循，并衍生出更多的伦理要求。

（三）医疗行为的侵袭性和风险性

医疗行为虽以干预疾病、提升生活质量为目的，但许多医疗行为的实施伴随对患者机体的侵害，如服用药物可能具有一定的副作用，伤害患者机体功能；穿刺、手术、麻醉等医疗手段直接造成患者组织机体伤害。但基于“利益大于损害”的原则，医疗行为的侵袭性因受到患者认可而具有合法性。此外，医疗行为还具有较高的风险性，一方面，医学和医疗技术发展的局限性、人体的复杂性以及病情发展的不确定性，导致医疗行为会带来一些未知的风险；另一方面，许多医疗风险虽然是已知，但发生与否不确定，医师仅能根据医学积累的经验，推出或然率而不是必然率。一般而言，医疗行为的风险性来源于以下几个方面：医师自身认识水平的局

[1] 张赞宁：“论医患关系的法律属性及处理医事纠纷的特有原则”，载《中国卫生政策》2001 年第 5 期，第 34 页。

限性造成的风险；医疗器械和设备能力有限造成的潜在风险；医学对疾病的发生、发展认识的局限性造成的风险；患者临床症状表现及自身体质造成的风险。

（四）医疗行为的裁量性

医疗行为及其效果具有不确定性，再加之患者体质的个体化，以及病情发展的不确定性，因此难以划定唯一的治疗标准，特定患者的治疗方案取决于医师的自由裁量，因此，医师的自由裁量权必须受到保障，但是，现代医学更强调医师自由裁量权的行使应当与患者的医疗自主权结合起来，要求医生在采取医疗措施时应当向患者披露重要信息，并在治疗过程中与患者保持良好的沟通。

（五）医疗行为的密室性*

医疗行为的密室性表现为病历资料和特定医疗场所不对外公开。医疗行为原则上现场不公开，所有的讨论、会诊、检查和治疗都是机密的，并且应该谨慎加以处理。与病人的治疗无直接关系的人，必须征得病人的同意才能在场。产房、生殖诊疗行为需要相对隔离、手术室需要无菌环境。由于涉及患者隐私，病历资料也不能对外公开。医疗行为的密室性导致医患双方在医疗信息的掌握上具有不对称性，尤其在发生医疗纠纷的场合下，举证成为最重要的法律问题之一。

四、医疗行为的分类

（一）治疗性医疗行为和非治疗性医疗行为

以医疗行为的目的为标准，可以区分为治疗性医疗行为与非治疗性医疗行为，治疗性医疗行为以治愈或者缓解病痛为目的，属于狭义的医疗行为；而另一些医疗行为，虽没有与特定的疾病相联系，但适用典型的医学手段，有时还涉及对于人体的侵袭，因此也属于医疗行为，称其为非治疗性医疗行为，包括为器官捐赠者摘除器官、美容整形、以鉴定亲子关系为

---

* 黄丁全：《医事法新论》，法律出版社2013年版，第34页。

目的所做之检验，以及非治疗目的所为之变性手术、人工流产。

（二）临床性医疗行为和实验性医疗行为

以医疗行为是否具有疗效为标准，可以分为临床性的医疗行为与试验性的医疗行为。临床性的医疗行为是指医疗方法或者医疗技术经动物试验或者人体试验证实其有疗效，且被医学界公认并实行的医疗行为。试验性医疗行为是指新的医疗方法或者医疗技术，于动物试验成功后，初期适用于人体的治疗、矫正、预防，但其疗效尚无完全成功把握的医疗行为。

（三）主要医疗行为与辅助医疗行为

以医疗行为的内容为标准，可以分为主要医疗行为与辅助医疗行为。主要医疗行为指医疗工作中之诊断、处方、手术、病历记载、施行麻醉等行为；除此之外的医疗行为，得在医师指导下，由辅助人员为之。辅助医疗行为所产生之责任，应由指导医师负责。

五、医疗行为的正当性

很多医疗行为具有对于人体的侵袭性，例如外科手术，其行为外观类似于侵权行为，由于医疗行为具有正当性，而免于法律上承担责任。医疗行为正当性的理由不仅使得医师免于就侵袭性医疗行为造成的损害承担法律责任，而且有助于区分正当的医疗行为和不正当的医疗行为。历史上，医疗行为正当性的依据主要有下面几种理论。

（一）业务权说

业务权说亦可称为医疗目的说，盛行于19世纪德国的刑法学说。在德国刑法中，医疗行为一直被认为是符合伤害罪构成要件的行为，对于其正当性的根据，最早采取的是“业务权说”，认为医师的医疗行为只要符合医学规则，达成治疗目的，且经法律授权不加禁止者，即系公法上的“业务权”。医师的医疗行为侵袭的违法性，因存在医师系实行其业务权而阻却。德国的业务权理论由梅耶在1875年提出，学者奥尔肖森、宾丁、默克尔、卡尔、盖耶、多尔克、杰利内克等皆为业务权说的典型代表。该理论主张医疗行为的正当性取决于以下要素：行为主观上出于治疗目的、行为符合医学规则并为法律所容许。

业务权说的缺陷在于从社会公共利益出发解释医疗行为的正当性，缺乏对于患者个体利益的考量。因此，德意志帝国莱茵法院在 1894 年作出的“骨髓癌截肢案”判决中，尽管医生对于患者进行截肢的医疗行为对于挽救患者生命具有积极意义，但由于患者的监护人明确反对截肢，医师依然坚持进行截肢手术，医师被判伤害罪成立。法院判决明确指出“患者意思是最高的法”。理论界则在此基础上，主张被害人的承诺是医疗行为正当化的核心理由。❶

（二）习惯说

早期日本学者认为，医乃仁术，是以救死扶伤为目的，符合刑法济世救民之正当性目的，因此，医疗行为的违法性阻却，是基于公认的习惯和道德共识。习惯说与业务权说大致相通，缺乏对于医疗行为正当性的深入思考。

（三）得病患同意说

该说亦可称为承诺说。其基于对业务权说局限性的克服，核心观点认为，侵袭性医疗行为要取得正当性，必须要征得患者的同意。得病患同意说的产生与患者权利高涨相互联系，并与患者的“知情同意权”相联系。其与被害人同意阻却违法性的理论具有一定的关联性。日本刑法学者大冢仁认为：“医疗行为也不外乎是一种有被害人承诺的行为，为了使它成为合法的，就要以患者的承诺或者推定承诺为要件。没有承诺进行的医疗行为可以称为专断的医疗行为，它即使达到了治疗的目的也是违法的，行为本身能构成伤害罪。”❷ 在英国，判例法已经确认了未经病人同意的治疗构成民事侵权或者伤害罪，制定法也尝试直接规定，基于病人同意的医疗

---

❶ 王皇玉：“论医疗行为与业务上正当行为”，载《台湾大学法学论丛》2007 年第 6 期。

❷ ［日］大冢仁著，冯军译：《犯罪论的基本问题》，中国人民大学出版社 1993 年版，第 162 页。

行为不具有犯罪性，英国法律委员会在其1995年出具的咨询意见中阐明了刑法中的同意问题，还专门就医疗中的同意提出了具体建议，认为在广义的医疗行为和获得认可的医学研究中，患者的同意是其合法性的核心抗辩事由，同时，基于同意实施的医疗行为也要具备恰当性。❶

（四）推定同意

推定同意是指在并不存在病患的现实同意场合下，但若可以认为其对于事实有完全的认识时，亦应会为同样的同意，得成为阻却违法的实施。推定同意往往适用于紧急医疗的场合，由于在此种情形中，病患已经或者暂时丧失意思表达能力且又处于危急状态，则医师为患者设身处地考虑，而推测病患如果系理性之人，应在此情形下，选择相应的医疗行为。

推定同意的适用还有精细化的规定，例如在紧急医疗场合，患者坚决明示表示拒绝，则推定同意不适用。又如在医疗手术过程中，如果需要扩大实施手术范围，如果此种扩大手术实施范围在手术前无法预见，或者在手术进行过程中，如果继续进行该手术比起中断该手术，对于病患生命来说不会造成更大的负担，则可以基于推定同意来续行该项手术，如果该手术之扩大于手术前有预见可能，即表示医师有误诊之可能，除非该手术之扩大对病患生命之救助而言确属必要，否则无推定同意之存在。❷

（五）结果价值说

该说主张病患同意不是医疗行为正当性的唯一理由，必须将其与医疗结果相结合，即依据医疗结果对病患的生命或健康的恢复有无帮助而判断其是否具有违法性。具体而言，必须是医疗行为所取得的客观利益大于医疗侵袭的损失，始能主张医疗行为的正当性。结果价值说萌芽于梅兹格的“优越利益说”，其实质是对医疗行为的侵袭性和医疗行为效果之间进行

---

❶ The British law commison, cosent in the criminal law, part X, *The British law commison's 2nd document*, 1995: No. 139. 转引自杨丹：“医疗行为的正当化研究”，载《社会科学》2009年第12期。

❷ 黄丁全：《医事法新论》，法律出版社2013年版，第241页。

利益衡量，例如在截肢之重大伤害的场合，存在患者身体完整性和患者生命利益之间的严重冲突，由于前者利益无优于后者利益的优越性，因此违法性的实质判断为结果无价值。❶ 因此，如果医疗行为失败，不分病患是否同意都不能阻却违法性。

（六）行为价值说

行为价值说认为不应从医疗行为的后果上判断医疗行为的正当性，应当在正视医疗行为固有风险性的基础上，只要医疗行为符合医学适应性，即可视为合法而予以容许。德国学者称为其“社会相当”，即医疗行为只要符合社会大众之生活所需，不超出社会生活常规，符合医疗标准，具备医学适应性即无不法可言。为了填充“社会相当”的模糊性，学者又进一步指出，医疗行为如果具备医学适应性及医疗技术正当性，其医疗行为便生阻却违法的效果，即使治疗失败，也应认为是合乎社会相当性的行为而予以容忍。

六、特殊的医疗行为

如上文所述，“得病患同意说”是医疗行为正当化的依据，一般情形下，未经患者同意的医疗行为会丧失其正当性。而实践中还存在一些行为，虽然缺乏患者同意，但因为符合其他的价值追求仍然具有正当性和合法性。

（一）强制医疗行为

强制医疗是指为了保护公众安全和公共卫生的需要，要求患有一定疾病的人必须接受医疗的一种医疗措施。在强制医疗制度中，进行的基本的价值衡量是患者个人的同意权让位于公共利益。强制医疗行为的前提条件是，虽然医疗行为无须征得患者同意，但是医疗行为本身必须具备医学的适应性。各国多规定对于严重精神病人和法定传染病患者实施强制医疗。除此之外，我国还规定对于毒瘾患者实施强制医疗措施。

❶ 黄丁全：《医事法新论》，法律出版社2013年版，第241页。

（二）紧急医疗行为

紧急医疗行为是指由于患者突发状况或者其他原因陷入丧失意识的状态，不能自主决定是否接受治疗，医生在无法获得患者同意的情况下，径直实施了挽救生命或者维系重大健康的治疗措施。在紧急治疗行为中，对患者的自主决定权和生命健康权两种法益进行权衡，侧重保护生命健康权。这种价值选择在世界范围内得到认可，例如我国台湾地区的“医疗法”关于患者知情同意的规定中，作了“紧急情况，不在此限”的排除性规定。英国判例明释：“紧急情况下不能获得病人的同意时，恰当的治疗不仅是能够的而且是必需的。”❶

---

❶ Andrew Hockton, *The law of consent to Medical Treatment*, London: Sweet & Maxwell Ltd., 2002: 9.

第二章　患者的权利和义务

患者权利是“患者”这个特殊群体在医患关系中应受保护的特殊利益。因此，“患者”并非仅仅指向罹患疾病的人，其具有更加丰富的法律含义。正如美国耶鲁大学教授莱弗（Leigh）博士和莱塞尔（Roiser）博士在他们的专著《病人》一书中所说：“过去，‘病人’（patient）一词指一个人患有病痛，现在‘病人’这个词指一个求医的人或正被施予医疗的人。虽然有某种病患通常导致一个人寻求医疗帮助，但并非所有生病的人都成为病人也并非所有病人都必定是生病的。”[1] 世界卫生组织在《欧洲病人权利准则》中对于患者的定义是：“凡接受保健机构服务者，不论有无疾病都是病人。”《芬兰病人权利条例》对患者的界定是：“病人，在此指卫生服务的消费者，还包括作为科学研究对象的健康人。”据此，患者是因采取就医行为而进入医疗活动中的自然人，并因就医行为而享有特定的权利，承担特定的义务。

第一节　患者权利的产生和发展

一、患者权利产生基础

（一）人本主义的思想基础

患者权利是伴随患者权利运动而产生的，而患者权利运动与西方文艺复兴之后的个人主义思想密不可分，并与民权运动、女权运动以及消费者

[1] ［美］H. P. 恰范特等著：《医学社会学》，上海人民出版社1987年版，第41页。

运动相伴而生。而以个人尊严、自主、隐私和自我发展为基本要素的自由和平等的个人主义则是患者权利运动的思想基础。

个人主义认为个人利益应当是决定行为的最主要因素，高度重视个人自由，广泛强调自我支配、自我控制、不受外来约束。在西方社会中，个人主义是一种生活方式、人生观和世界观，具有整体性和普遍性，是西方社会把握人和世界关系的基本方式。

哲学上的人本主义是个人主义得以确立的人文前提，人本主义是围绕以个体本位为核心的主体性原则展开的。这一原则认为，每个人都是独特而不可复制的主体，他的生命意义应该得到尊重，他的价值和潜能应该得到展现。人本主义的要旨有三点：（1）一切从人出发，肯定人性，强调人之所以为人而存在的价值和意义。（2）人本主义强调人是自由的，认为人的精神、灵魂和意志应当不受约束。（3）主张个体人作为人之最根本、最真实的存在状态，当他面对自然、他人、自身这三重生存境遇，往往把他自身当做权衡一切事物的标准，甚至把他自己的本性加到这些事物上去，这种具有本能意味的“移情”恰恰构成人掌握外部世界和自身命运的基本方式。而这种以个体性呈现的人的本真生存结构对人关于世界的理解和领悟的根本制约，便为个人主义的存在赋以逻辑先在的人文内涵。[1] 人本主体体现在西方社会的方方面面，表现为政治上的民主主义、经济上的自由主义以及文化上的要求个性独立的自我意识。

个人主义强调个人的自由和权利是国家和社会存在的理由和根基。在政治领域，个人主义体现为民主政治，国家更被认为是个人之间所缔结的契约；在经济领域，个人主义体现为经济自由，要求国家有限度地干预经济活动，甚至在许多领域采取自由放任的经济政策；在文化层面，个人主义强调尊重个性和自我意识；在社会生活中，个人主义要求尊重个人的独特个性和私人生活空间。

---

[1] 邹广文、赵浩：“个人主义与西方文化传统”，载《求是学刊》1999年第2期。

（二）人权法治的制度背景

个人主义对于西方法学同样有着深刻的影响，而其中居于首位的就是人权观念的起源和发展。“人权”作为一个普遍的政治理论概念，起源于14～16世纪的文艺复兴运动，同时，德国和法国的宗教改革运动也从另一方面解放了人们的思想。经过文艺复兴和宗教改革运动的洗礼，西方人权理论已初见端倪，而后的古典自然法学派提出了更为系统、全面的人权理论体系，这主要表现为“天赋人权论”。“人权”观念最终是17～18世纪欧洲启蒙运动时期资产阶级思想家在反对封建专制制度的思想斗争中提出的，为对抗和否定基督教神权、专制君权和等级特权，思想家们高举“理性”与“天赋人权”（自然权利）的旗帜，对人们进行思想上的启蒙，强调每个人都是生而自由和平等的。人权思想在立法实践中的体现就是1776年美国《独立宣言》首次宣称“天赋人权”，1789年法国大革命时期通过的《人权和公民权利宣言》也确认了这一原则，自此建立起近代意义上的人权观念和法律形态。应该说，人权制度的建立是个人主义和法学上的权利概念相结合的产物。两次世界大战后，人权制度在西方社会有了新的发展，联合国于1948年通过第一个有关人权的国际性文件《世界人权宣言》，提出：“对人类家庭所有成员的固有尊严及其平等的和不移的权利的承认，乃是世界自由、正义与和平的基础。”“人人生而平等，在尊严和权利上一律平等。”自此以后，各国宪法均宣誓人权不可侵犯的基本原则，并成为一种基本价值，成为制约立法的客观标准。患者权利是人权制度发展的必然结果。

（三）医患关系的变革

一方面，随着生命科学的迅速发展和医疗手段的多元化，当患者与医生的价值观和各自期望的目标和效果不同时，二者在选择治疗方法等问题上就会发生分歧。尤其随着医疗技术的发展，在诊疗过程中大量使用医疗仪器、设备和医疗试剂等，降低了医生对患者病情主诉的重视，减少了医患之间交流的机会和深度，使得医患关系一定程度上呈现物化特征，医患沟通程度降低。另一方面，医学模式的转变却对医患沟通提出更多的要求，传统生物医学模式已经转变为生物—心理—社会医学模式，该模式对医务人员提出了新的要求，医生不仅要全面了解疾病产生的原因，还要对病人的心态和社会背景进行系统的评价，充分依据病人的生物、心理和社会特征进行诊断和治疗。

二、患者权利的法制化

（一）患者权利运动及其立法

1. 欧美的患者权利运动*及其立法

患者权利运动也称为病人权利运动，从历史沿革来看，西方的病人权利运动与民权运动、女权运动、消费者权利运动共同产生并发展起来。虽然患者权利运动主要发生在20世纪六七十年代的欧美，但实际上在19世纪法国大革命时期，与其他的民权要求同时出现了与患者权利相关的运动，当时主要围绕的是健康权，与当时的第三阶层的资产阶级所推崇的人权理念相关，其患者权利的主题词是“给穷人以健康权”，以介洛汀（Guiuotin J. I.）博士为主席的健康委员会，以罗歇福科德－连科尔（Rochefoucauld－Liancour）为主席的穷人委员会声称：法国同胞都有平等权，在及时、免费、稳妥、全面的医疗方面，一视同仁。穷人委员会为穷人争取健康权利方面做了许多务实的工作，例如促使国民议会把两家聋哑人收容院改为国立，以及协助开办妇产医院和儿童医院等。以提高穷人健康权利为核心的上述运动，总体上促进了当时法国的病人权利提升，如1793年的病人权利运动要求医院每张床只睡一人，而在此之前，一张病床往往睡2～8个人，而且病床间相距要3尺。这一要求得到了法国革命国民公会的支持，并成为一项规定。国民公会还通过立法，肯定穷人的健康权。1893年全国制定了有关医药和接生的条例，从此，医务界可以对不合法行医和医生横行霸道起诉。

* 梁丽：“病人权利运动综述”，载《医学与哲学》1999年第2期。

20世纪六七十年代美国的患者权利运动对世界的影响最为深远，美国的患者权利运动建立在消费者权益运动与女权运动的背景之下。首先，由于消费者运动的高涨，病人也被当做消费者对待，美国的消费者团体——全国福利权益组织在1970年6月起草了一份文件，从消费者的角度提出患者应当具有的权利，其中涉及门诊、急诊、投诉程序、与委派的官员进行保密的谈话、在医院管理委员会中有社区代表、公开财务记录、对转院的限制、隐私和保密、告知病人治疗办法和教育计划、注意病人对护理的要求等条款。上述部分条款被纳入新的医院标准中，包括“任何时候提供公平和人道的治疗”、保护隐私和保密权、强调病人自愿参与教学和研究计划、知情同意的必要性，以及在供应者与病人之间要进行有效的交流。如果医院不符合上述标准，并因此而给患者造成损害，陪审团可以判医院事故罪。这一病人权利运动成为美国1973年订立《病人权利法案》的直接推动力量。

女权运动通过主张女性堕胎权间接影响了患者权利的发展。1967年，女权运动组织——妇女全国组织起草的一份妇女人权法案中，首次提出“妇女控制自己生育活动的权利”，同时，女权运动组织还为废除堕胎法积极斗争，到1973年，全国已经有16个州不同程度地对堕胎法进行了改革。尤其是美国最高法院的一项判决中指出：一个妇女做终止妊娠的决定符合宪法规定的个人权利，孕妇享有“隐私权”，妇女有权在怀孕3个月内自己决定堕胎；同时为了保护潜在的生命，各州有权禁止在怀孕最后3个月内进行堕胎，除非为了保护母亲的生命和健康。最高法院的此判决直接导致各州的堕胎法无效。

另外，在欧美国家，对于死亡权利的诉求也是人权运动和患者权利运动的一个方面，其核心问题就是“安乐死”。20世纪30年代，英国便开始了安乐死立法运用，1935年英国成立“自愿安乐死协会”，1938年美国成立“美洲安乐死协会”，但由于随后纳粹的强迫安乐死的做法，致使安乐死立法运动衰退下去，“二战”之后，安乐死运动又迅速崛起，目前，世界范围内对于安乐死的态度尚有较大分歧，不过荷兰和比利时已经通过立法的方式，使安乐死非犯罪化，如荷兰于 2001 年，比利时于 2002 年，分别通过了安乐死法案。❶

欧美病人权利运动的成果是一系列病人权利法案、章程和宣言的制定和实施，其中，较为重要的有 1973 年美国医院协会制定并发表的《美国病人权利法案》，该法案规定了患者的如下权利：（1）病患有权利接受妥善而有尊严的治疗。（2）病患有权利从其医师处获知有关自己的诊断、治疗以及愈后情形，并且使用病患可以了解的字句。如果基于医学上的考虑，认为病患不宜知道上述消息，医师必须将此消息告诉病人的重要亲属。此外，病患也有权利知道其主治医师的全名。（3）病患有权利在任何医疗之前了解并决定“知情之同意”。除了紧急情况外，一般同意书的内容应包括：以浅显易懂的问句介绍医疗的过程、预期的风险及益处、不同意的后果、有无其他可选择的医疗方式。（4）病患有权利在法律许可下拒绝治疗，同时对于拒绝治疗的后果，必须充分地被告知。（5）病患在医疗过程中的“隐私”，应有权利受到保障。在进行诊断病况时，未经患者同意，与医疗无关的人不得在场。（6）病患有权利要求其治疗的所有内容及记录，以机密方式处理。（7）病患有权利要求医院在其能力范围内，对病患之服务要求作出合理的反应。医院应依病况的紧急程度，对病患提供评估、服务及转院。只要医疗上允许，病患在被转送到另一机构前，必须先得到有关转送的愿意，及其可能的其他选择的完整数据与说明。病患将转去的机构，必须已先同意接受此病患的转院。（8）只要与病患的治疗有关，病患即有权利知道医院与其他医疗机构及学术机构的关系。病患也有权利知道治疗他的人彼此间存在的职业关系。（9）病患有权利被告知与其治疗有关的人体试验，病患亦有权利拒绝参与该项研究计

❶ 梁根林：“争取人道死亡的权利——世界范围内的安乐死运动”，载《比较法研究》2004 年第 3 期。

划。(10) 病患有权利获得继续性的医疗照护。他有权利知道可能的诊病时间、医师及地点。出院后，病患有权利要求医师提供一套联络办法，借此，病患可获得在医疗上需要继续注意的事项。(11) 不管付款方式为何，病患有权利知道并审核其医疗账单，必要时亦可以要求医院解释。(12) 病患有权利知道医院的规则、病患的行为规范。❶《美国病人权利法案》是保障患者权利的重要文献，为世界各国病人权利的确定提供借鉴。

欧洲国家间的患者权利的法律文件主要有两部，一部是1994年，国际卫生组织（WHO）欧洲区域办公室制定的《欧洲患者权利宣言》，❷ 另一部是欧洲理事会1997年制定的《关于人权与生物医学的公约》，对人类基因组以及器官移植等现代新医疗技术中涉及的患者权利进行规范。

除上述立法之外，较为著名的国内立法还有《芬兰病人权利条例》和《丹麦病人权利法》。芬兰1983年制定的《芬兰病人权利条例》，是被认为比较好的、切实可行的法律文本。其中规定的病人权利包括：(1) 医疗保健权。即在当时卫生资源允许的范围内，享有医疗保健权，应尊重病人的人格、尊严和自信，并为其保守秘密。(2) 病人在入院治

❶ 黄丁全：《医事法新论》，法律出版社2013年版，第147～148页。

❷ 《欧洲患者权利宣言》中规定的患者权利内容包括以下几项。(1) 基本的患者权利，包括每个人均有作为一个人受到尊重的权利、每个人均有自我决定权、每个人均有保持身心完整和人身安全的权利、每个人具有隐私受到尊重的权利、每个人均有其道德文化价值观和宗教哲学信念受到尊重的权利、每个人均有健康保护的如下权利：恰当的疾病预防和医疗服务，获得追求其自身可达到的最高健康水平的机会的权利。(2) 知情权。患者有权知晓的信息范围包括：患者的健康状况；建议的医疗，每个步骤的潜在风险和好处；所建议医疗步骤的替代选择，不治疗的后果；诊断、预后和治疗过程；提供治疗的医疗服务者的身份和职业地位以及为患者治疗时应遵守的规则和常规。(3) 同意权。明确规定患者的知情同意是任何医疗干预的先决条件，患者有权拒绝或中断某一医疗干预。(4) 保密和隐私。(5) 护理与治疗。患者被转院或送回家之前有权得到充分的解释说明；患者的尊严、文化和价值观受到尊重的权利；得到家庭、亲属和朋友支持的权利；减轻痛苦的权利；得到人道的临终关怀和有尊严地死去的权利。

疗和终止治疗中，应平等对待，并保持治疗的连续性。（3）知情权。病人有权了解本人的健康状况以及与其治疗有关的重要情况。病人有权了解本人的病历档案、有关文件及化验检查记录。（4）自决权。有关病人的医疗保健决定，应取得医患双方的共同理解。在病人拒绝某种治疗方法的情况下，应尽可能选用另一种能接受的医疗措施进行治疗。（5）保守秘密。有关病人的健康、病情或家庭境况以及其他问题，未经本人允许不得泄露给局外人。（6）提出异议权。如果病人对医疗保健不满，有权向主持该卫生保健机构的医师提出异议。❶ 1992 年又制定了《芬兰患者的地位和权利法》，该法律共有 5 章 17 条：第一章总则，就该法律的适用范围和相关定义等作了规定；第二章“患者的权利”，就获得优良医疗的权利、自我决定权、获取信息的权利和资格等与患者权利有关的问题作了规定；第三章规定了患者的抱怨及处理方式等问题；第四章为医疗记录；最后一章就实施等问题作了具体规定。《丹麦病人权利法》对患者的权利也做了比较详细的规定，主要包括：知情同意决定权，没有病人知情前提下的同意，不得开始或者继续治疗。知情同意的内容包括病人的健康状况、治疗的可能性、发生并发症与副作用的风险，预防、治疗和康健的可能性，以及不接受任何治疗将产生的后果。特殊情况中的自主权、使用病案权利、健康资料的保密等。❷

2. 日本的患者权利运动及其立法

日本的传统医疗存在浓厚的军医教育、军事医疗的色彩，医生与患者之间是一种支配与服从的父权主义的关系。日本的患者权利运动从 20 世纪 80 年代末起，其主要的诱因是一系列医疗事故的出现，例如未事先告知病人即对其实施手术，精神病患者住院遭到拘禁虐待等，市民医学知识的提升，促使人们对医患关系进行反思，对患者应有的权利进行捍

---

❶ 陈明光译，吴大受校：“芬兰病人权利条例”，载《中国卫生事业管理》1987 年第 5 期。

❷ 潘峰译：“丹麦病人权利法”，载《中国卫生法制》2001 年第 2 期。

卫。日本患者运动的发起人最初是律师和普通市民，后来许多医务人员也加入患者权利运动中来。日本患者权利的组织包括区域医疗评议会、京都医疗广场、医疗与法的消费者组织、制定《日本患者权利法》促进会、患者的权利代言人组织等。上述组织起到沟通医患信息的作用，一方面为患者提供医疗信息，另一方面向医疗机构反映患者的意见和要求，或请有关的行政机构解决。日本的医疗生活协同组织在患者权利保护方面的地位非常重要。医疗生活协同组织是区域的居民针对医疗问题自发成立的组织，拥有医疗机构，并与医疗机构的专家互相协作解决医患问题。至2002年3月，日本共有医疗生活协同组织119个，遍布全国40个都道府县，有237万个家庭加入其中。

在患者权利的文献方面，最为重要的有两部。一部是1984年东京地区医疗问题律师团发起的全国病患权利宣言起草委员会提出的《病患权利宣言草案》，另一部是医疗生活协同组织于1991年5月制定的《患者权利章程》。《病患权利宣言草案》提出了六大理念：（1）尊重个人自由。（2）平等接受医疗权利。病患不受经济地位、社会地位、年龄、性别、疾病种类之影响，都拥有平等接受医疗之权利。（3）接受最优质医疗权利，包括病患有接受最佳医疗的权利；病患在必要时有随时请求医疗从事者之协助、救助之权利；病患有选择医疗机构或者医师及转院之权利，转院时病人有请求交付有关之病历或医疗记录副本之权利。（4）知的权利。病患有获知自己病况全部信息之权利；病患对于即将进行之检查、治疗目的、治疗方法、治疗内容及结果、病状之发展过程等，有从医事人员处得到十分理解的说明之权利。对带有实验目的性质的诊疗行为，病患有要求说明及拒绝之权利。病患有知悉主治医师及参与治疗者之姓名、资格、职级及职称之权利。病患有要求医疗机构给予诊疗所需费用之明细以及国家补助数据之权利。（5）自己决定权。病患在得到医事人员诚意之说明后，得自我决定是否接受检查、治疗或其他医疗行为之权利。（6）病患隐私权。病患有隐私权，在未得到病患本人之同意前，医事人员不得将病患之

医疗细节提供于非直接参与诊疗之第三人。❶

《患者权利章程》规定患者的权利包括：（1）知情权。患者有权利知道疾病的名称、包括检查结果在内的病情、疾病的预后、治疗计划、包括手术在内的医疗措施以及选择某一医疗措施的理由、用药的名称及其作用与副作用、所需费用等。（2）自我决定权。患者有权在充分听取说明之后，对医务人员所建议的治疗方案作出决定。（3）保护隐私权。患者拥有保守个人秘密的权利和个人隐私不受干涉的权利。（4）学习的权利。患者拥有学习疾病及其治疗、养护方法以及保健预防等知识的权利。（5）接受治疗的权利。患者任何时候都拥有接受必要并且充分的医疗服务的权利。这种服务必须以符合人的方式来提供；患者有权要求国家及地方政府改善其医疗保障。❷

（二）患者权利的国际立法

目前，患者权利已经在全世界范围内得到认可和保障，并产生了一系列关于患者权利的国际立法。1978 年世界卫生组织《阿拉木图宣言》提出“2000 年人人享有卫生保健”；《经济、社会及文化权利国际公约》第 12 条规定“本公约各缔约国负有创造保证人人有在患病时能得到医疗照顾的条件”。《世界人权宣言》第 25 条第 1 款：“人人有权享受为维持他本人和家属的健康和福利所需的生活水准，包括食物、衣着、住房、医疗和必要的社会服务；在遭到失业、疾病、残废、守寡、衰老或在其他不能控制的情况下丧失谋生能力时，有权享受保障。”1969 年第 22 届世界卫生大会正式通过的《国际卫生条例》、1975 年《残疾人权利宣言》、1990 年《儿童生存、保护和发展世界宣言》、1992 年《里约环境与发展宣言》、1949 年通过的世界医学会《医学伦理学国际法》等规范性法律文件中都明确了公民的基本医疗权和国家及国际社会所应承担的责任。

---

❶ 黄丁全：《医事法新论》，法律出版社 2013 年版，第 150 ~ 151 页。

❷ 黄春春：“日本的患者权利运动”，载《国际医药卫生导报》2002 年第 11 期。

由世界医师大会于1981年10月在葡萄牙首都里斯本通过的《里斯本病人权利宣言》是世界范围内确认患者权利的重要文献，对患者权利进行全面的规范，指出医师在诊治病人时应当遵守如下原则：（1）获得良好质量之医疗照护的权利，包括接受医疗不能有歧视；依照被认可的医疗原则与病人的最佳利益予以治疗；专业人员的判断不能受临床或伦理之外的干扰因素影响；医生必须负起医疗服务质量的责任。分配稀有医疗资源时必须根据医疗的准则与没有歧视的原则来进行治疗步骤的选择；医师必须互相协调，作完全的相关安排，以保证医疗照护的延续性。（2）自由选择的权利，包括病患有自由选择医师与医疗机构的权利，随时有征询其他意见的权利。（3）病人有自主决定的权利。有知道攸关自主决定相关信息的权利；有权利拒绝参与研究或是教学。（4）在失去意识的病人权利方面，该宣言提出：失去意识的病人必须寻求法定代理人的同意；除非病人曾有明确表示，否则在危机状态下，法定代理人不可得时，可将病人的同意视为当然；即使是自杀失去意识的病人，医师应该尽量尝试挽救其生命。（5）无行为能力的病人。即使是无行为能力的病人也要让他在过程中尽量参与决策；当无行为能力的病人作出合理的决定时必须予以尊重，并享有拒绝让法定代理人知悉相关信息的权利；如果病人的代理人作出违反病人最佳利益的决定时，医师有义务在相关的法律机构挑战这项决定，如在危急时则以病人的最佳利益从事医疗行为。（6）违反病人意愿的程序。仅有在法律授权或是符合医疗伦理时，可以采取违反病人意愿的诊断或是治疗步骤。（7）知情权。病人有权知道病历上有关他的信息与医疗健康状况，但病历上如有有关第三者的保密信息，则应征得第三者的同意才能透露给病人；只有在信息揭露可能对病人造成重大生命或是健康危害时，才是可隐蔽信息的例外状况；必须以符合地方文化的方式来合适地给予信息，确保病人能够理解；病人有明确表达不要被告知的权利，除非是基于保护其他人的生命；病人有权选择决定何人可被告知的权利。（8）保密的权利。即使在病人死后都应落实保密原则，除非后代子孙需要获得有关他们健康风险的信息；除非是法律明确的规范或是病人明确的意愿表达，保密信息才得以揭露，提供给其他的健康服务人员是在专业必需的基础上，否则仍应征得病人明确的同意；所有可辨认出病人的数据都必须被保护，数据储存的方式必须符合保密原则，可衍生出辨认病人信息的人体物质都必须被保护。（9）每人都有获得健康教育的权利。其包括健康的生活模式、疾病预防与早期发现的方法，其中必须强调个人对于自身健康的责任，医师有义务积极参与相关的教育活动。（10）必须根据病人的文化与价值来保障其尊严与隐私权。（11）病人有权得到人道与舒适的安宁疗护。（12）病人有权力接受或是拒绝心灵或是道德上的安慰，包括他所选择宗教之牧师（神职人员）所提供的帮助。该宣言经过 1995 年 9 月、2005 年 10 月世界医师协会两次修订，成为关于病患权利的国际医学伦理准则。宣言中关于病患权利规范包括以下几个方面：获得良好质量之医疗照护的权利、对失去意识和失能病患的利益特别保护、获得医疗信息的权利、诊疗秘密受保护的权利以及其他健康教育权利。❶

第二节　患者权利的内容和体系

一、中国的患者权利立法及患者权利内容

在我国，对患者的权利保护也日益受到重视，医学伦理学和法学界加强了患者权利的研究，虽然我国并没有以患者权利命名的法律，但许多法律、法规中都明确规定对患者的权利保护。我国《宪法》第 45 条第 1 款规定：“中华人民共和国公民在年老、疾病或者丧失劳动能力的情况下，有从国家和社会获得物质帮助的权利。国家发展为公民享受这些权利所需要的社会保险、社会救济和医疗卫生事业。”《民法通则》第 98 条规定“公民享有生命健康权”。《医疗事故处理条例》《执业医师法》《医疗机

❶ 黄丁全：《医事法新论》，法律出版社 2013 年版，第 145 ~ 146 页。

构管理条例》《侵权责任法》都规定了患者的相关权利。

（一）《医疗事故处理条例》所规定的患者权利

1. 复印或复制医疗记录的权利（第 10 条）

患者可以复印或复制的医疗记录包括：门诊病历、住院志、体温单、医嘱单、化验单（检验报告）、医学影像检查资料、特殊检查同意书、手术同意书、手术及麻醉记录单、病理资料、护理记录以及国务院卫生行政部门规定的其他病历资料。

2. 知情权（第 11 条）

在医疗活动中，医疗机构及其医务人员应当将患者的病情、医疗措施、医疗风险等如实告知患者，及时解答其咨询；但是，应当避免对患者产生不利后果。

3. 参与保存证据的权利

对证据的保管应当由医患双方共同在场的情况下进行封存和启封。第 16 条规定了发生医疗事故争议时，对死亡病例讨论记录、疑难病例讨论记录、上级医师查房记录、会诊意见、病程记录的保管。第 17 条规定了疑似输液、输血、注射、药物等引起不良后果的，对现场实物的保管。第 18 条关于尸体的冻存与检验。

4. 申请鉴定的权利

根据第 20 条的规定，患者有权参与共同委托医学会进行医疗鉴定。第 22 条规定当事人有申请再次鉴定的权利。第 24 条是关于抽取参加鉴定的专家的规定。第 26 条规定患者有申请鉴定专家回避的权利。第 28 条规定患者有提交有关医疗事故技术鉴定的材料、书面陈述及答辩的权利。

5. 选择申请调解或起诉的权利

根据第 4 条的规定，对医疗事故的赔偿争议可以通过协商、向卫生行政部门提出调解申请、直接向人民法院提起民事诉讼三种方式解决。

（二）《执业医师法》所规定的患者权利

1998 年全国人大常委会通过的《执业医师法》在第 3 章“执业规则”

中规定了执业医师对患者所负的义务，这些医师义务条款从另一方面赋予了患者相应的权利。

（1）受尊重权和隐私权。《执业医师法》第22条第3款规定医师在执业活动中应当“关心、爱护、尊重患者，保护患者的隐私”。

（2）知情同意权。《执业医师法》第26条从医师义务的角度规定医生应如实告知患者的病情。医师的告知义务限于“患者的病情”，据此“治疗方法及其风险”不属于告知范围。其对患者知情权的保护不够全面。

（三）《医疗机构管理条例》所规定的患者权利

该条例第33条从规范医疗机构工作规程的角度规定了患者的知情同意权。知情同意的范围与《医疗事故处理条例》所涉及的相同，仍然只限于手术、特殊检查或者特殊治疗，并规定除需经患者同意，并应当取得其家属或者关系人同意并签字。

（四）《侵权责任法》所规定的患者权利

2010年7月1日起实施的《侵权责任法》专门设立“医疗损害责任”一章，对患者的权利和医疗机构的责任作了更加明确的规定，为保障患者权利起了重要作用，在医疗纠纷中为患者提供了直接的法律依据。

《侵权责任法》第55条规定患者的知情同意权，规定医务人员在诊疗活动中应当向患者说明病情和医疗措施。需要实施手术、特殊检查、特殊治疗的，医务人员应当及时向患者说明医疗风险、替代医疗方案等情况，并取得其书面同意；不宜向患者说明的，应当向患者的近亲属说明，并取得其书面同意。第61条规定患者对住院志、医嘱单、检验报告、手术及麻醉记录、病理资料、护理记录、医疗费用等病历资料的查阅、复制权。第62条规定患者的隐私权，要求医疗机构及其医务人员应当对患者的隐私保密。

通过各国患者权利的立法和患者权利国际立法的比较研究，笔者认为患者权利包括以下内容：（1）基本医疗权；（2）医疗自主权；（3）知情同意权；（4）患者隐私权；（5）患者的其他权利：包括医疗文书查阅、复制权；免除一定的社会责任权；患者的求偿权；患者的诉讼权。

二、患者权利的体系

患者权利（病人权利）的历史发展表明患者权利来源于人权，人权是患者权利的合法性基础。在世界范围内，患者权利已经从人权领域脱胎而出，具有独立的价值和体系，就其内容而言，不仅包括患者不受歧视平等接受医疗的权利、受到健康教育的基本医疗权，还包括知情同意权和隐私权这类较为具体的权利；前者的性质是宪法权利，后者的性质是民事权利，因此，患者权利是一个系统化的权利体系，是宪法权利和民事权利的统一。

公民基本医疗权既是《世界人权宣言》《经济、社会及文化权利国际公约》等国际法文件确认和保障的一项重要权利，也是许多国家宪法或最高效力法律规定的权利。在患者权利体系中，公民基本医疗权是患者权利的基础，当公民的基本医疗权得不到保障的时候，知情同意权等其他权利就无法实现。宪法权利通过组织和程序保障以及制度保障，拥有直接针对国家机构的效力，前者要求国家机构在设计自身的组织和程序时，要以保障基本权利为原则；后者要求国家有义务通过立法等形式，形成有利于保障基本权利的国家机构各制度，保障宪法权利和民事权利的统一。公民基本医疗权作为宪法权利，其针对的义务主体是国家而不是个人，该项权利的实现不仅需要法律的保障，还需要行政的保障和社会经济的保障。基本医疗权是患者权利的基础，而其他权利都是医疗权最终实现的保障。从总体上看，医疗权是病人要求医疗机构提供基本的、公正的、适宜的医疗服务的权利，其核心是保障个体的生命、健康安全，保护人类种族延续和社会发展。

患者民事权利是宪法权利在民事领域的具体体现，其义务主体是医疗机构和医师，与医师的义务相对应，对该种权利的保障则更多地需要借助医疗侵权责任法的成熟和完善。

第三节　基本医疗权

一、基本医疗权概述

（一）基本医疗权的概念

在上文提及的国际和国外的患者权利的法案、章程和宣言中，都毫无例外地规定病人有获得妥善的、平等而不受歧视的、有尊严的医疗救护，以及获得紧急救护和医疗教育的权利。此项权利内容概括了医疗行为基本的社会功能，是病人取得医疗必需的、基本且合理的医疗服务的权利，是其他类型患者权利的基础，本书称为基本医疗权。根据该项权利的内容与目的，本书赞成关于基本医疗权的以下界定：基本医疗权“是指公民享有国家提供的基本的、公正适宜的、紧急的医疗卫生，预防保健和健康教育服务的各项权利”。❶

（二）基本医疗权的特征

1. 基本医疗权属于人权的范畴

人权是人生存和发展的基本权利。人权思想自产生以来一直发展变化，在17～18世纪资本主义上升时期，人权仅限于人人生而平等、自由等权利，此乃第一代人权。19世纪后期人权扩展到经济权利、政治权利和文化权利，此乃第二代人权。20世纪50年代，随着民族解放运动的发展，人权又增加了民族自决权、和平权、环境权、发展权等内容，此乃第三代人权。第一代人权是“消极人权”，要求不得侵犯人的平等自由权。第二代人权则是积极人权，其实现有赖于国家的积极行为，必须由国家加以积极保障才能实现。而第三代人权则属于团体性权利，就医疗权的目的而言，其也是人的生存和发展所必需的权利，并且与基本人权密切联系。

❶ 戴剑波：“公民医疗权若干问题研究”，载《天津大学学报（社会科学版）》2006年第11期，第20～22页。

因此，医疗权属于第二代人权。

2. 基本医疗权的权利主体是全体公民

医疗权是一种最基本的患者权利，就其属性而言，是人权观念在医患关系中的体现。人权是基于人类的自然属性而来的，属于所有的主体，但是要使人的基本人权得到具体而非抽象的保障，必须以特定的国家为区域，因此，医疗权的主体是公民，是一个公法上的概念。

3. 基本医疗权的义务主体是国家

权利与义务是相对的概念，权利的实现依赖义务的履行。从国际立法文件和国内立法对于医疗权的规范可以得出，医疗权的实现必须借助国家公权力的行使。例如 1966 年联合国通过的《经济、社会及文化权利国际公约》第 12 条规定，提供公民在患病时得到医疗照顾的条件和保证人人有权享有能达到的最高的体质和心理健康的标准是缔约国的义务。只有国家通过积极地建立较为完整和合理的医疗体制，公民的医疗权才能得到切实的保障。

二、基本医疗权的内容

（一）医疗资源平等权

医疗资源平等权即公民均有权获得公平的医疗资源的权利，其实质是对医疗资源分配权的要求。平等是一项基本的法律原则，也是实现基本人权的基础和目标。患者享有平等的医疗权也是医疗权的基本内容。平等的医疗权包括形式的平等和实质的平等。实质的平等是一种绝对的平等，是指患者应当不受经济地位、社会地位、年龄、性别、疾病种类之影响，都拥有在医疗资源的享有上完全平等的权利。但绝对的平等仅是一种理想，医疗资源的有限性决定了医疗权的平等只能是形式的平等，即在医患关系中，坚持所有患者一律平等，既不允许特权患者优先占有医疗资源，也不歧视特定的患者。但同时设置合理的规则，确定医疗资源分配的先后顺序。在医疗实践中，医疗平等权表现为如下的一些原则，如在就医秩序上，遵循先来者先就医的原则，不允许根据患者的财富及地位给特定患者以特权；在器官移植医疗行为中，应遵守区域优先、儿童匹配优先、血型匹配优先等原则。但同时又采取急症及重症优先原则，对紧急和危急的患者进行优先诊治。

（二）得到适宜的医疗照顾的权利

医疗照顾权是指病人在患病或者需要医疗服务时，需要医疗机构和人员提供的必要的医疗照顾的权利。适宜的医疗照顾权利应当包括以下内容：(1）病人有得到合理适当的检查、诊断和治疗的权利。诊疗的手段应当合乎医疗科学的规律，并与病人的症状相吻合，因此，超过病人疾病的严重程度的诊疗手段及过度医疗是侵犯病人得到适宜的医疗照顾权的行为。(2）病患有权利要求医院在其能力范围内，对病患要求之服务做合理的反应。医院应依病况的紧急程度，对病患提供评估、服务及转院。(3）病人有权获得具有连贯性和继续性医疗的权利。病人在转院、出院之后，应当有权获得与主治医生持续性联系和沟通的有效联系方式。(4）病人获得人格尊严得到尊重的医疗服务的权利。人格尊严受到尊重是人权的基本内容，在医患关系中，由于病人的弱势地位，其人格尊严更容易受到忽视，在医患关系从传统的父权模式向共同参与模式转变中，病人的人格尊严更应当受到保护。在医疗过程中，患者的尊严往往还与其宗教信仰、价值观念、文化传统等交织在一起，因此对患者人格尊严的尊重还包含尊重患者的宗教信仰、价值观念和文化传统。

（三）病人获得紧急救助的权利

紧急救治权是指公民在患病危急时，有受到紧急抢救和治疗的权利。由于人的生命和身体的某些机能具有不可逆转性，因此，在紧急状态下的医疗行为是否适当且及时对病人而言生死攸关。我国通过在相关立法中，对医疗机构设定义务的方式确定病人的该项权利。如在《执业医师法》第 24 条规定："对急危患者"执业医师"应当采取紧急措施进行诊治，不得拒绝急救处理"。《医疗机构管理条例》第 31 条规定："医疗机构对危重病人应当立即抢救。对限于设备或者技术条件不能诊治的病人，应当及时转诊。”自2004年1月1日起施行的《乡村医生从业管理条例》第27条规定，对超出一般医疗服务范围或者限于医疗条件和技术水平不能诊治的病人，应当及时转诊；情况紧急不能转诊的，应当先行抢救及时向有抢救条件的医疗卫生机构求助。自1994年1月1日起施行的《中华人民共和国护士管理办法》第21条规定了护士遇紧急情况应及时通知医生并配合抢救，医生不在场时，护士应当采取力所能及的急救措施。美国纽约州的病人权利法案规定了病人有权接受紧急诊治。我国台湾地区“医疗法”第43条第（1）项规定：“医院、诊所遇有危急病人，应即依其设备予以救治或采取一切必要措施，不得无故拖延。”❶

（四）获得健康教育的权利

《里斯本病人权利宣言》中提出的每个人都有权获得健康教育的权利，包括健康的生活模式、疾病预防与早期发现的方法，其中必须强调个人对于自身健康的责任，医师有义务积极参与相关的教育活动。

（五）因病而免除一定的社会责任的权利

疾病给患者带来身体和精神上的痛苦，并会导致病人生活和工作能力的降低甚至丧失，因此病人应该享有社会学意义上的一些权利，如病人有免除原先社会角色扮演的权利与免于因病被责难的权利；当人生病时，可以暂时免除履行社会责任，所以可以因病请假不上班不上学，工作单位不得无故拒绝，病人为了治疗，可要求社会提供妥善医疗照护。

第四节　医疗自主权

一、医疗自主权的概念

医疗自主权又称患者自我决定权，是指具有决定能力的患者在医患交流之后，经过独立思考，对于自己的疾病及健康问题作出合乎理性和价值

❶ 黄丁全：《医事法新论》，法律出版社2003年版，第20页。

观的决定，并对该决定负责的行为。

传统医患关系中，医生被视为特殊知识和技能的掌控者，患者对于医生言听计从，并无自主权的主张。患者自主权的产生，除了医学知识普及导致医疗神秘感祛除，以及人权观念兴起之因素外，历史上藐视患者尊严与自主意志的若干事件更是刺激患者自主权产生的直接诱因。人性尊严由三大部分组成，即生命与身体完整性的确保、似人般生活的可能性、自我决定的能力与机会。[1] 而自我决定权是人格尊严的核心，《里斯本病人权利宣言》《关于促进患者权利的欧洲宣言》等文件都对患者的此项权利作出了规定。医疗自主权是体现患者人格尊严的重要权利，也是制衡义务人员滥用权利的制度。

二、患者医疗自主权的内容

（一）医疗选择权

医疗选择权是指患者自由选择或者变更为其诊疗的医院或者医生，以及在存在多种诊断、检验、治疗或者药剂时，患者从中进行选择的权利。《里斯本病人权利宣言》和《关于促进患者权利的欧洲宣言》等文件都对患者的此项权利作出了规定。选择权包括选择医疗机构和医生的权利、选择医疗方案的权利。

1. 医疗机构和医师选择权

其也可简称为“选医权”或“择医权”，是指患者可以根据自己对医疗服务的需求和对医生以及医疗机构的专业知识水平、医德等信息了解的基础上，选择自己信任的医疗机构和医生。我国立法中尚未出现择医权的概念，但 2000 年 7 月国家卫生部和国家中医药管理局发布了《关于实行患者选择医生、促进医疗机构内部改革的意见》，要求各级医疗机构普遍实行患者选择医生的制度。这从制度层面上认可了患者的这项重要权利。

[1] 黄丁全：《医事法新论》，法律出版社 2013 年版，第 209 页。

2. 医疗方案选择权

在存在多种医疗方案的情形下，患者有权自主选择某一种方案。但医生应当尽到充分的说明义务，对可供选择的各种诊疗方案的内容、特点、费用、优劣、存在的风险的充分说明，为患者进行合理选择提供信息。

3. 患者有权自主决定出院或者转院

患者有权根据疾病的状况、自身的经济条件、医院的医疗水平等因素，自主决定出院或者转院，医疗机构不得无故阻挠。但是医疗机构及医护人员应当充分履行告知义务，对出院或转院可能导致的不利后果对患者进行充分说明并记录在病历上。

（二）放弃治疗权

放弃治疗权是指病人在没有康复可能的情况下决定不使用或终止使用维持生命的医疗措施的权利。《丹麦病人权利法》对病人放弃治疗的权利作了详细规定。该法第 16 条规定了患绝症的病人可以拒绝其目的仅仅是延长生命的治疗。第 17 条规定了可以拟定生存遗嘱的资格条件，即“任何年龄达到 18 周岁并且不处于监护法第 5 条所规定的监护人之中的人”，都可以拟定生存遗嘱。另外还规定了“延长生命的治疗”的含义是指“没有治愈、改善或减轻的可能，而仅仅是为了延长生存时间的治疗”。第 18 条规定：“卫生部应当建立一个生存遗嘱登记处并且在生存遗嘱的拟定、表述、登记和撤销等方面制定出条款规定。”与权利行使的一般规则相一致，患者的此项权利不能抵触公共利益，否则将受到限制。例如在患者罹患传染疾病、严重精神障碍者、突发性公共卫生事件中患者均有接受强制治疗的义务。

三、医疗自主权的限制

任何权利的边界都不是无限的，都受到一定的限制，医疗自主权也不例外，即医疗自主权的限制。在下列情形下，可以考虑限制患者的医疗自主权。

（一）防止自杀

患者自杀时往往主观上拒绝医生的救助，对自杀者进行救助是人类社会的普遍道德原则。不过对危重病人而言，美国的法院认为与其让末期或重症的病人生活在难以忍受的疼痛之中，不如允许病人有尊严地死亡，因此法院不愿将放弃医疗而导致的死亡视为自杀。

（二）保护第三者的利益

美国法院会考虑第三者的利益而对医疗自主权有所限制，例如当病人可以通过治疗而恢复健康，并且拥有未成年子女的情形时，法院通常不会准许病人拒绝治疗。

第五节　知情同意权

知情同意权是患者自主决定权行使的前提，并与医生的说明义务相对应。知情同意权的概念是在“二战”后的纽伦堡审判中提出来的，针对纳粹医生未经受试者同意的惨无人道的人体试验，纽伦堡审判后通过的《纽伦堡法典》规定：“人类受试者的自愿同意是绝对必要的”，“应该使他能够行使自由选择的权利，而没有任何暴力、欺骗、欺诈、强迫、哄骗以及其他隐蔽形式的强制或强迫等因素的干预，应该使他对所涉及的问题有充分的认识和理解，以便能够作出明智的决定。”1981 年世界医学会通过的《里斯本病人权利宣言》中明确规定了患者的知情同意权，之后《美国病人权利法案》《欧洲患者权利宣言》中均明确规定了知情同意权，从各国有关患者权利的立法来看，知情同意权是规定得最为清晰的一项权利。我国《侵权责任法》第 55 条也明确规定了患者的知情同意权。

一、知情同意权概述

（一）知情同意权的概念

“知情同意权”，也有学者称为知情同意原则，是舶来品，来自英文“Informed Consent”，据《布莱克法律辞典》的解释，其含义为：医生对患者实施医疗时，应该就医疗处理方案、医疗风险以及其他可以考虑采取的措施向患者做详细的说明，并在此基础上取得患者的同意。其直译为：基于告知的同意与承诺，即“医师的告知义务，患者的承诺”。[1] 其基本含义是：患者在就诊和接受诊疗的过程中，医方对于其欲采取的诊疗措施对患者进行告知，患者在知情的基础上，对于诊疗措施作出同意与否的权利。可见，患者知情同意权的实现依赖于医方的相关信息披露和患者的同意的能力。

（二）知情同意权的判例发展

患者的知情同意权并非古已有之，在希波克拉底誓言中：“进行治疗时，必须让患者不知何事而冷静处理，不可给予患者不安。”“纵使有关治疗结果，亦不可告诉患者致生恐惧之事。”[2] 在知情同意权产生的几千年前，患者与医师之间的关系始终是以医生为中心的父权主义模式，医生在医患关系中处于主导地位，患者处于遵从医生之指导的地位。但是，随着人权运动的兴起，医患关系日渐陌生人化和去人性化，尤其是第二次世界大战期间纳粹骇人听闻的纯粹医生人体试验的公布于众，父权主义的医患模式遭到质疑，知情同意权便随之产生。就知情同意权的内容来看，其实质是要求医师承担信息披露义务和患者的医疗同意权，其本质是病人自我决定权、医疗自主权的实现。

知情同意权首先在英美医疗法律判例中产生，其在判例中的沿革体现出首先关注患者的自主决定权，其次开始关注医生的信息披露义务。英国1767年的Slater v. Baker & Stapelton案中，最早涉及患者的知情同意权，在该案中，法院认为在实施手术前取得患者的同意是外科医生的惯例和法

---

[1] 段匡、何湘渝：“医生的告知义务和患者的承诺”，见梁慧星主编：《民商法论丛（第12卷）》，法律出版社1999年版，第151页以下。

[2] 陈子平：“医疗上充分说明与同意之法理”，载《东吴大学学报》2000年第1期。

则。[1] 在1914年Schloendor v. Society of New York Hosp案[2]中，法官认为"每一个成年的且心智健全的人均具有决定如何处置其自身身体的权利；外科医生如果没有患者的同意便实施手术则构成人身攻击（assault）"，并对医师科以损害赔偿责任。

而对于医生信息披露义务的要求开始于20世纪中叶，1957年的Salgo v. Leland stanford案首次要求医生承担告知的义务，提出"Informed Consent"这个新的词汇，本案判决认为，首先，如果医生未能将患者就所建议的治疗方案作出明智的同意所依赖的、必需的任务事实告知患者的话，他便侵犯了对于其患者的义务，应承担法律责任；其次，医生不能将手术所存在的已知风险弱化以诱取患者的同意。但同时该案也承认医生在告知的范围程度上有很大的裁量权，例如判决认为医师必须将患者的福祉置于首位，因此在讨论风险因素时，必须运用一定的自由裁量权。1960年的Natansons v. Kline案和1972年的Canterbury v. Spence案中，对于医生注意义务的标准进行讨论，并分别建立了依归医师和患者意志的不同标准，即医师标准和患者标准。

大陆法系的判例中，同样出现了对于病患知情同意权的支持，日本1971年对"乳腺癌乳房切除手术事件"作出判决，首次明确肯定了医务人员说明义务的地位，成为日本最初采纳说明同意理论的裁判例。原告的右乳房发现恶性肿瘤，在得到其承诺的情况下实施了乳房摘除手术。但在手术中摘取了右乳房的肿瘤后又对其左乳房作了病理切片检查，发现左乳房属于乳腺增生症，医师在没有得到本人的承诺下，将其左乳房也切除了。对此判决认为，全部摘除女性乳房内部组织对于患者来说从生理机能到外观上都是具有非常重大后果的手术，为此，被告在摘除原告左乳房手

[1] Slater v. Baker & Stapelton，95Eng. Rep 860（K. B. 1767）. 转引自赵西巨：《医事法研究》，法律出版社2008年版，第57页。

[2] Schloendor v. Society of New York Hosp，105N. E. 92（1914）. 转引自赵西巨：《医事法研究》，法律出版社2008年版，第57页。

术时，必须重新取得患者的承诺。在获得患者承诺以前，作为前提，医师有必要就患者的症状、手术的必要性作出说明。像本案这样，手术有无必要存在不同见解的场合，应当更加尊重患者的个人意志。因此医师应当把上述情况向患者作出充分的说明后，在取得承诺情况下才能进行手术。在揭示上述判断的基础上，东京地方法院认定，医师在没有取得承诺的情况下摘除左乳房手术的行为属于违法，命令其支付损害赔偿。

德国1954年案例阐述了患者知情同意权，在该案中，医院取得精神忧郁症患者的承诺后，在10天内对其进行了三次电刺激治疗法，在第三次电刺激治疗法实施后，造成患者第12根脊椎骨折，并留下后遗症丧失了劳动能力。在这一事件中原告认为，对于治疗中有可能出现的脊椎损伤，在取得同意时没有对此加以说明。医师抗辩说，考虑到患者有忧郁症，为了不使其心情和症状恶化，不进行这种说明是适当的。法院的判决是，即使在这种状态下，考虑患者的状态，想方设法进行说明仍然是必要的。❶

（三）知情同意权的立法发展

知情同意权的立法发展，起源于第二次世界大战后《纽伦堡纲领》。该纲领要求进行人体实验必须恪守十项基本原则：有关实验之性质、期间、目的及进行实验之方法、手段甚至一切可预测之不利益、危险与影响等“知的权利”，以及非因强暴、胁迫、欺瞒或其他限制等所为自由意思之“自发性同意”等。对于实验之利害得失经判断后决定不参加之自由或要求终止实验等之“拒绝权利”，以保障上述各项权利为前提之“同意的合法性”及人体实验之基本原则，被认为是患者知情同意权的先端，标志着知情同意作为一项医疗法律规则在医学实验领域被认定下来。

1960年6月18日世界医学大会通过的《赫尔辛基宣言》也接受和认

❶ 段匡、何湘渝：“医生的告知义务和患者的承诺”，见梁慧星编：《民商法论丛（第12卷）》，法律出版社1999年版，第158页、第172页。

可了知情同意原则，并进行了更加详细的规定，使得知情同意权逐渐扩展到临床医学领域。1981 年第三十四届世界医学大会通过《里斯本病人权利宣言》，确认了病人享有 6 项权利，其中包括知情同意权。

美国 1973 年的患者权利法案以成文的形式明确规定了病人的知情同意权。该项美国医院协会出台的规范承认患者有权获得涉及诊断、治疗、预后的相关的、当前的和可理解的信息，这些信息可能涉及某一特定的治疗程序和/或治疗、其中隐含的风险、康复的可能期限、有无医学上合理的其他治疗方法以及这些治疗方法所伴随的风险和益处。美国患者自我决定法还赋予患者对未来的医疗事先表达意愿的权利，即预先指示权。[1] 1990 年制定完成《患者自己决定法》。

我国关于知情同意权的立法在《侵权责任法》之前主要包含在《执业医师法》《医疗事故处理条例》《医疗机构管理条例》《医疗机构管理条例实施细则》等法律法规中，我国《侵权责任法》第 55 条第 1 款规定："医务人员在诊疗活动中应当向患者说明病情和医疗措施。需要实施手术、特殊检查、特殊治疗的，医务人员应当及时向患者说明医疗风险、替代医疗方案等情况，并取得其书面同意；不宜向患者说明的，应当向患者的近亲属说明，并取得其书面同意。"

二、医师的说明义务

（一）说明义务的内涵

说明义务是指医方将与治疗有关的重要情形向患者告知的义务。患者的知情同意权建立在医师信息披露的前提之下，从逻辑关系上分析，只有在患者对医疗行为的相关信息充分掌握的前提下，才能自主作出符合自身利益的判断。医师在治疗过程中，在与患者的交往中，掌握诸多信息，哪些信息是必须告知患者从而满足患者决定的需要，是一个在医患交往中必须正视的问题，也是诸多医患纠纷中，法院必须裁量的问题。

---

[1] 赵西巨：《医事法研究》，法律出版社 2008 年版，第 59 页。

（二）说明义务的判断标准

医师究竟应将何种标准的信息告知患者，决定哪些情形下，未告知何种程度的信息会影响到患者的决策。国外通过司法实践研究出一番尚属经典的标准，对于我国未来医方说明义务及相关制度的发展，均具有现实意义。

在英美裁判案例总结中，其认为医方应当对“实质性内容”进行披露，何谓实质性内容，其标准的判断有“医师原则”和“患者原则”两种标准。“医师原则”，又称“合理医师标准”，即以一个尽责的医师在相同情况下应当披露的信息的程度为准。其实质是以医疗惯例作为信息披露的标准，是一个客观化标准。“患者原则”则强调告知义务应以患者的需求为标准。“患者原则”又有客观标准和主观标准之分。客观标准认为，医师的披露告知义务应以一个合理患者为作出一个明智选择所应被告知的风险和选择方案为准，即所有与一个处于原告位置的通常病人的决定有实质性关系的风险均应告知。告知范围被客观化。而主观标准说则认为，医师的信息披露应以个别病人为准。此标准着重每个特定个体所需要的信息，要求医生在履行告知义务时，要充分考虑患者的教育程度、职业、年龄、特别情形等个性化的因素。告知范围具有主观化因素。❶

对此，有学者认为保护患者的自我决定权是“知情同意”法则之主旨，因此，即使对于医疗信息的认知属于医学判断所管辖的范围，但是某条已认知的医疗信息是否需要披露，即该信息是否会对患者的决策产生实质性影响，这样的核心问题，并非医学判断之所能，它需要根据患者的价值观和生活方式作出解答，医学专业判断应当让位于一般人知识。❷

（三）说明义务的内容

关于知情权的范围和具体内容，由于不同的医疗实践和法制背景，各

---

❶ 赵西巨：《医事法研究》，法律出版社2008年版，第74~77页。

❷ 赵西巨：“论违反告知义务之医疗侵权形态的特殊性”，载《山东大学法律评论》2009年第7期。

国的规定并不相同。如《美国病人权利法案》中知情权的内容包括：病人有权要求医师使用一般人都能理解之语言说明其疾病之诊断、治疗、预后等内容，并有权知悉医师的姓名；医生在手术或治疗前必须向病人说明情况，并取得病人的同意，当治疗或护理方案有重大变更时，仍要向病人说明情况，病人有权知道手术或治疗人员的姓名；病人有权要求医院在可能范围内对其提出的要求作合理回应；病人有权在与治疗有关的范围内，了解所住医院与其他医疗机构或教育机构的关系，也有权了解诊治人员的职务关系；病人有权要求在出院后继续得到合理的治疗，有权事先知道预约门诊的时间、地点、医师的姓名，有权要求医院与医师或其他代表讨论继续治疗问题的方式；无论病人付款来源或方式如何，病人都有权对医疗费用进行审查，并要求医院作出合理解释；病人有权了解涉及病人行为之各种医院规章制度。❶《日本患者权利宣言》规定的患者“知的权利”包括：患者有获知自己病情的全部信息的权利；患者对于将进行检查、治疗目的、方法、内容、危险性、恢复可能性及任何可能代替医疗方法的手段及已实施的检查、诊察、诊断、治疗内容和其结果、病状经过等，有从医疗从业者那里得到十分清楚的说明的权利；对于带有实验目的的诊疗行为，患者有要求说明及表示是否接受的权利；患者对于医疗机关有要求阅览病历记录及交付复本的权利；患者有知悉主治医师及参与医疗的人员的姓名、资格、职务及职称的权利；患者有要求医疗机关给予诊疗所需费用之明细报告及公家有关医疗费的补助资料的权利。❷ 我国《侵权责任法》第54条规定的医师的说明义务包括：说明病情和医疗措施、需要实施手术、特殊检查、特殊治疗的，医务人员应当及时向患者说明医疗风险、替代医疗方案。

（四）告知的对象

告知义务的对象原则上应该是患者本人，因为只有患者本人才是其自

❶ 黄丁全：《医事法》，中国政法大学出版社2003年版，第235页。

❷ 同上书，第236页。

身利益的最佳判断者，但在特殊的情形下，例如患者属于认知能力欠缺的未成年人，或者患者处于昏迷状态缺乏意思表达能力，或者如果告知患者本人会导致患者心理状态不稳定影响疾病治疗的情况下，医生应当告知给患者的法定代理人或者监护人。

三、患者的同意

（一）患者具有表意能力

患者必须具有表意能力是作出自主决定的主观要件。表意能力是指患者对健康照护作出决定的能力。根据英美法系的司法判例，表意能力的判断标准与民事行为能力的判断标准并不一致，如果设置过高的标准会潜在地侵犯患者的自决权。如英国法律明确规定，虽然是未成年人，但是如果他有能力完全理解治疗的后果、可能的副作用以及不进行治疗的预期后果，则认为其具有表意能力。[1] 而大陆法系国家也采取类似观点，如第二次世界大战后的德国司法认为，“未成年人对医疗行为的承诺能力不同于民事行为能力，须对患者从精神的、品德的成熟度出发，对其接受承诺的意义、范围作出评价”。[2] 本书认为，患者是否具有表意能力应当从以下几个因素进行考察：患者是否能够充分接受和理解医疗信息、患者是否能够经过衡量作出决定、患者的决定是否具有合理性。据此，精神健全的成年人、有部分判断能力的未成年人、对医疗行为有判断能力的精神不健全的成年人，都具有同意能力，就应当由其自主决定。在患者不具备表意的能力时，应由其法定代理人或者监护人代为表意。

（二）患者充分理解告知的内容

患者充分理解告知的内容是作出符合自身利益决定的重要因素。由于医疗行为具有专业性，医师应当尽量使用通俗的语言对患者进行讲解，由

---

[1] Alan Montague, *Legal Problems in Emergency Medicine*, Oxford University Press, 1996, p. 24. 转引自李大平：“患者知情同意权”，载《证据科学》2004 年第 4 期。

[2] 赵西巨：《医事法研究》，法律出版社 2008 年版，第 82 页。

于患者对于疾病的恐惧，往往对于医师告知的风险产生过多的担忧或者误解，因此，构建良好的医患沟通是辅助患者充分理解医疗信息的重要手段。

（三）患者基于自主作出的同意

患者作出的决定必须是真实、自愿而非被动的，更不应该是在欺诈、胁迫和各种外在影响下作出的同意。在患者同意作出过程中，尤其强调其意志并未受到任何不正当的影响。在英美法系中，不正当影响是造成意思表示瑕疵的原因之一，不正当影响一般来自三个方面：（1）以外在的威胁或者强制力控制他人；（2）通过理性的言说控制他人；（3）以其他方式控制他人，其包括不真实和不完全的信息披露。❶ 所以，如果患者服用了影响意识的抗焦虑或者麻醉药物，就不能认为其具有同意能力而基于自主作出决定。所以在英国的 Re T（Adult：Rufusal of Treatment）（1992）一案中，孕妇拒绝输血的意思表示并没有得到法院的认可，因为孕妇意志受到了其母亲——一位耶和华见证人❷的不当影响。

第六节 患者隐私权

1890 年，哈佛两位著名的法学家布兰蒂斯和沃伦在《哈佛法学评论》发表了一篇题为“隐私权”的论文，首次提出“隐私权”的概念，所谓“隐私”就是“让我独处的一种权利，让我独善其身的一种权利，不受别人打扰的一种权利”。这个概念后来被法律界所接受，随后，世界各国的宪法和法律都逐步把隐私权作为公民的一项基本权利或民事权利确认下来，并加以保护。我国《侵权责任法》第 2 条明确规定了隐私权。通说认为隐私权是自然人享有的对其个人的，与公共利益、群体利益无关的个

❶ 赵西巨：《医事法研究》，法律出版社 2008 年版，第 86 页。

❷ 耶和华见证人是一种宗教组织，其奉行的生活准则包括禁戒血，即不食用血或没放血的肉，不献血也不接受异体全血输血。

人信息、私人活动和私有领域进行支配的具体人格权。❶ 作为隐私权的保护客体，自然人应当受到保护的“隐私”包括私人空间、私人活动、私人信息。患者在接受治疗的过程中，需要披露健康状况、家族病史、病历资料等个人信息，甚至暴露身体的隐私部位以便医生诊断。除此之外，在治疗过程中产生的医疗记录（如病历资料）往往包括相当丰富的患者个人信息，从而使得患者隐私权的提出和保护具有特殊意义。

一、患者隐私权概述

（一）患者隐私权内涵

患者隐私权是自然人处于患者的角色时所应当享有的隐私权，是隐私权在诊疗活动中的具体体现。我国《侵权责任法》第 62 条规定医疗机构及医务人员应当对患者的隐私保密，泄露患者隐私或未经患者同意公开其病历资料，造成患者损失的，应当承担侵权责任。《侵权责任法》第 62 条从泄露患者隐私应当承担侵权责任的角度肯定了患者隐私权，但对于患者隐私权的概念和内容并无明确规定。

患者隐私权既具备一般隐私权的基本特征，又具有自己的特色。隐私权是“自然人享有的私生活安宁与私人信息依法受到保护，不被他人非法侵扰、知悉、收集、利用和公开等的一种人格权”。❷ 隐私权的保护程度与法律对于“隐私”的类型和范围的界定相关联。隐私，即“私人生活秘密或私生活秘密，指私人生活安宁不受他人非法干涉，私人信息保密不受他人非法收集、刺探、公开等。隐私包括私生活安宁和私生活秘密两个方面”。❸ 按照通说，一般认为，法律所保护的“隐私”具有两个基本要件，即与公共利益无关的私密性和合理的隐私期待。上述要件决定了“隐私”的范围因地、因人而存在一定的差异。隐私包括私人空间、私人活动

❶ 杨立新：《侵权行为法（下册）》，吉林人民出版社 1998 年版，第 768 页。

❷ 张新宝：《隐私权的法律保护》，群众出版社 2004 年第 2 版，第 12 页。

❸ 同上书，第 7 页。

及私人信息。私人空间是个人欲保留之不愿被他人打扰的物理和生理空间，包括身体隐私部位、私人物品和私人住所。私人活动是个人不愿被他人知道的一切个人活动，如两性生活、避孕、生育等。私人信息是个人不愿为他人所知道的个体信息和交流信息。私人信息在现代社会中的表现形式越来越多样化，是隐私权保护的重要内容。

患者在与医方接触过程中，会披露相关的个人信息，如个人年龄、职业、健康状况、家族病史等。患者为了配合诊疗有时也不得不暴露身体的隐私部分，这些都属于个人隐私的范畴。但是分析上述患者的个人信息，其中一部分信息属于较为普通的个人信息，如年龄、职业状况、联系方式等，如果医疗机构和医患人员未经患者同意对其进行泄露或者非法利用，应当依据《侵权责任法》第 2 条普通隐私权的规定来处理。而患者隐私权则更加强调在诊疗过程中所形成的与患者的身体健康、疾病状态以及身体隐私部位有关的私人空间和私人信息。因此笔者认为，患者隐私权是患者在诊疗关系中所享有"医疗隐私"不受非法侵犯的权利，而患者的隐私，则指自然人处在患者身份时，其因诊疗有关不愿为人所知的私人信息以及不愿被外界打扰的私生活安宁。具体而言，患者的"医疗隐私"包括：第一，患者的个人医疗信息，包括患者的病因信息、病历资料信息、生理信息（如基因信息）、有关性生活的信息（如夫妻两性生活、非法同居、婚外恋、堕胎等）、个人及家族病史等。第二，患者的隐私部位，包括患者的身体隐秘部位、身体器官畸形、生理缺陷部位等。第三，患者的私人空间，指患者在接受治疗的过程中因诊疗之需暴露个人信息的空间场所，如检查室、手术室、住院病房、诊疗室等。上述空间可以视为患者诊疗时的私人空间，除了直接从事诊疗活动的医护人员，其他任何人都无权介入。例如《美国医院法》规定，在法律规定的范围内，病人有权利对个人事物保密。病人会见及接受检查的环境，其设计应保证合理的声像方面的隐蔽性，病人有要求在进行由异性医务人员进行某些部位体检、治疗或其他操作时应有同性人员在场的权利，以及要求不超过为医学目的而必须脱衣的时间的权利。病人有权期望慎重进行任何涉及其病案的讨论或会诊，不直接涉及其医疗的人未得本人允许不能出席。病人的病案只能由直接涉及其治疗或监督病案质量的人员阅读，或只能经其书面同意或其法定代表阅读。病人有权利要求在医疗及环境方面有合理的安全性。❶

（二）患者隐私权的特征

与自然人一般意义上的隐私权相比，患者隐私权具有以下特征。

第一，患者隐私权主体和义务主体的特定性。患者隐私权的权利主体是患者，即罹患疾病而就诊的人，或者虽然没有疾病但在医疗机构接受医护人员提供医疗服务的自然人；特殊情况下胎儿也具有患者隐私权。因为作为胎儿时期某些隐私信息资料如基因信息资料保护的妥善与否，可能会影响其出生后的生存权利。患者隐私权的义务主体则是在诊疗过程中知悉患者私密信息和资料的医疗机构和医护人员。

第二，患者隐私权所保护的客体具有特定性。必须是与诊疗行为有关的个人信息；与诊疗行为无关的患者的“隐私”，如年龄等不属于患者隐私权保护的范围，而是一般隐私权的保护范围。

第三，患者隐私权的保护具有特殊性，因为医护人员为了对患者的疾病进行诊疗，必须对有关的个人信息进行了解和分析，因此，患者部分隐私必须向医护人员披露。例如在医生问诊的过程中，可知悉患者的个人生活习惯、既往病史、家族病史等情况；医护人员在对患者进行体检时，可接触患者的身体隐秘部位，了解患者的生理状况、身体缺陷；医生对患者的血液、组织和器官进行检验，可能发现某些隐私。因此，医疗一方基于合法的理由和正当行为并经患者的同意知悉患者的隐私。

第四，患者隐私权的权能更多表现为消极权能，即隐私保密权。

二、患者隐私权的内容

隐私权的内容从最初的消极隐私权发展为包括隐私支配权为主要内容

---

❶ 赵同刚主编：《卫生法立法研究：卫生法课题汇编》，法律出版社2003年版，第253页。

的隐私支配权，例如自然人公开自己的隐私，撰写自传，模特对自己的身体进行展示等。而患者隐私权的内容则以消极性权能为主。

（一）患者隐私保密权

患者隐私保密权指患者有权要求医疗机构和医务人员对了解的患者的隐私进行保密。患者有权要求医方在未经患者同意时，不得对患者的隐私部位在医疗目的之外的触摸、观看、拍照、录像。在未经患者同意时，不得以医学课程观摩的方式让除诊疗医师之外的第三人，包括学生对患者的隐私部位进行触摸、观看、拍照、录像。对于患者的疾病情况尤其是不愿意被他人知晓的特殊疾病的信息，患者有权要求自己的疾病信息资料不被传播、公开。

（二）患者隐私支配权

患者隐私支配权是指患者有权维护自己的隐私不受他人的非法披露和公开，控制自己的隐私不被公开披露。患者隐私权不应局限于对患者隐私的消极保护，而应更加注重对患者个人信息的控制和自决。患者有权对自己的隐私加以利用或许可他人利用，决定利用与支配的方式。

（三）患者隐私的维护权

患者有权维护其医疗隐私不受侵害，在其医疗隐私不当泄露或受到其他侵害时，患者有权进行制止，并追究侵权人的法律责任。我国《侵权责任法》第 62 条明确规定“医疗机构及其医务人员应当对患者的隐私保密。泄露患者隐私或者未经患者同意公开其病历资料，造成患者损害的，应当承担侵权责任”。

第七节　患者的其他权利和义务

一、患者的其他权利

（一）医疗文书查阅、复制权

我国《医疗事故管理条例》第 10 条和《侵权责任法》第 61 条均提出：患者有权复印或复制其门诊病历、住院志、体温单、医嘱单、化验单（检验报告)、特殊检查同意书、手术同意书、手术及麻醉记录单等病历资料。

(二) 患者的求偿权

在患者就医的过程中，如果因为医疗机构和医生的过错对患者造成损失的，患者有权要求医方给予赔偿。

(三) 患者的诉讼权

患者和家属有权对医生的诊治方法和结果提出质疑，有权向卫生行政部门提出申诉或向司法部门提出诉讼。

二、患者的义务

(一) 配合医师诊疗的义务

为了确诊和治疗，患者应当配合医生，如实陈述病史、病情，遵循医嘱进行各项检查并按照医师的指示进行治疗，如果患者未能履行配合医师诊疗的义务，如隐瞒病史或者与诊疗有关的重要信息，致使医师误诊或者发生其他损失后果的，医师不承担法律责任。

(二) 给付医疗费用的义务

患者接受医方的医疗服务后，不论医疗效果如何，均有给付医疗费用的义务。医患之间的合同关系具有人身的性质，医师具有先行给付的义务，医师不得因患者未支付医疗费用而主张同时履行抗辩权，医师负有强制诊疗义务，不得主张患者未支付报酬而拒绝治疗。❶

❶ 赵西巨：《医事法研究》，法律出版社2008年版，第145页。

第三章　医方的权利与义务

第一节　医方的权利

医方权利是指医疗机构和医务人员在行医过程中所享有的特殊利益。医疗机构是指依法取得医疗机构执业许可证，从事疾病的预防、诊断、治疗和康复活动的卫生机构和社会组织。医务人员则指经卫生行政管理部门批准的在医疗、预防、保健机构工作的各级各类医疗卫生技术人员，包括医师、药师、护士、技师、乡村医生等。[1] 医疗机构在医疗活动中处于管理人的地位，除了有权对医生进行监督管理之外，有权要求患者支付诊疗费用，有权按照其规章制度、诊疗常规来管理患者及其陪护人员；医师作为自然人，在医疗行为中依然享有基本的人身权，如人格尊严不受侵犯、人身安全应受保障等。为了保证医疗行为的顺利实施，医方还享有下列特殊权利。

一、医疗主导权

（一）医疗主导权的概念

尽管现代医患关系发生一定程度的变化，患者在就医过程中取得一定的主动地位，然而由于医疗行为的专业性和技术性，为了保证患者就医过程的顺利进行，医生仍然是医疗行为的主导者，享有医疗主导权。根据我国《职业医师法》第21条规定，医疗主导权包括医学诊查权、疾病调查权、医学处置权、出具相应的医学证明文件权。以上权利在我国《职业医

[1] 翁开源、蔡维生：《卫生法学》，科学出版社2008年版，第47页。

师法》中均有规定。

（二）医疗主导权的内容

医疗主导权包括医学诊查权、疾病调查权、医学处置权、诊疗方案决定权。医学诊查权，指医师有权根据患者的疾病表征，给患者下达为了明确诊断而必须实施的各种医学检查、操作医嘱。疾病调查权，是医师为了准确诊断疾病，获取与疾病相关的有关信息的权利，包括询问患者的家族病史、本人病史、个人及相关人员的生活习惯和卫生习惯等。医学诊查权和疾病调查权，都是为了客观诊断疾病。医学处置权，是指医师在通过医学诊查和疾病调查后，根据确诊的病情，对患者采取各种必要的治疗措施。这些治疗措施包括药物治疗、输液、牵引、针灸、推拿、化学治疗、放射治疗、物理治疗、手术、生殖技术、移植技术等。医学处置权还包括处方权，我国仅规定医生享有医学处方权。国外医学处方权主体相对广泛，除了医生外，护士和药师也享有一定程度的处方权。如加拿大部分药师拥有一定的处方权，❶ 美国、瑞士和英国的护士则享有有限的处方权。

二、医学教育权和医学研究权

（一）医学教育权

医学是一个不断发展的学科，医务人员必须跟进医疗技术的更新，才能更好地服务于患者，因此医师的继续教育制度，既是医师的权利，也是医学发展的需要。医师的继续医学教育权，是指医生在完成医学教育并毕业之后，继续学习医学新知识、新理论、新技术、新方法，不断提高专业技术和能力。继续教育的方式包括升学、进修、访问学者、参加学术会议、学术讲座、专题学术班、病历讨论、长短期培训，以及专著论文的研究、撰写、发表等形式。

（二）医学研究权

医学研究权，是指在执业活动中，医师有进行医学科学研究、学术交

---

❶ 杨赴云编译："加拿大部分药师获有限处方权"，载加拿大政府网 http：//www. gov. bc. ca。

流以及参加各类专业学术团体的权利。

三、特殊干预权

（一）医疗特殊干预权的概念

特殊干预权，是指在特殊情况下，医生为了不损害患者和社会他人利益，对患者自主权进行干预和限制，并由医生作出医疗决定的权利。它是在特定情况下，为了达到对患者的生命健康权益负责的目的而限制患者的自主权利，实现医生的意志，具体体现为由医方代替患者作出决定。特殊干预权是对患者医疗自主权的限制，它仅在特殊情形下予以适用。

医师特殊干预权符合伦理学上的行善原则，行使医生干预权必须满足两个伦理要件：无法取得患方有效的知情同意和必须符合促进患者或社会公益最大化的目的。

（二）特殊干预权的适用

1. 保护性医疗

保护性医疗原则是指在一些特殊情况下为了避免对患者产生不良影响而向患者隐瞒部分病情，其目的是使患者的身体和精神能够完全处于轻松愉快的自然休养环境中，从而提高医疗和康复的效果。[1] 其主要存在于患者罹患重大疾病的情况下，医生为了稳定患者情绪，强化治疗效果，对患者隐瞒病情。

2. 医疗紧急情况

医疗紧急情况是指患者的生命受到严重威胁，急需实施紧急措施以挽救患者生命，假如延误时机就会造成严重后果的情形。在医疗紧急情况下，如果患者近亲属在场，患者近亲属可以代为行使知情同意权，但假如近亲属明确放弃治疗的情形下，医师应当实施特殊干预权。

---

[1] 张巍琴、冯泽永："关于在保护性医疗制度下尊重患者知情同意权的思考"，载《医学与哲学》2009年第7期。

3. 当精神病患者、意志丧失和自杀未遂等患者拒绝治疗时

患者自杀和自残的情况下，往往缺乏求生的欲望，并且不积极配合医生的诊疗行为，几乎不会对医师的急救措施表达同意。精神病患者、意志丧失患者的拒绝治疗行为既不是真实的意思表示，也不能对自身产生积极的效果。在此情况下，医师实施特殊干预权采取急救措施才是符合社会公共利益的行为。

四、医疗裁量权

（一）医疗裁量权的概念

医疗裁量权，是指在治疗疾病的过程中，医师有权根据病情的变化决定治疗方案并随时调整治疗方案的权利，包括治疗方法或投药的选择、治疗或手术的适当性判断，以及手术的技术和方式的选择等。由于患者体质有差异，临床症状也不断变化，医疗机构的设备和条件有所不同、医生的专业和技术技能水平各异，以及医疗知识和技术的有限性，医师在治疗疾病的过程中不得不根据病情的变化随时修正治疗方案，所以，法律必须赋予医生在一定范围内自治的权利，即医师的自由裁量权。❶

（二）医疗裁量权与患者医疗自主权的协调

在患者医疗自主权与医师医疗裁量权发生冲突的场合，日本曾经作出以下裁判：（1）虽然病人明确表反对，但是医师还是强行治疗，难免违法责任；（2）患者的选择不合理，医师听之任之不加劝导，难免违法责任；（3）只要没有明显强迫患者等特殊行为，医师坚持自己的治疗主张就不过分；（4）医师根据自己的判断进行治疗时，患者不可以强要医师采取别的疗法。医师的医疗裁量权与患者医疗自主权发生冲突时，需要将患者的人格尊严与其他利益进行比较权衡，一般情况下，生命利益大于人格尊严，但是也有例外，例如日本的“耶和华证人”患者拒绝手术输血

❶ 夏芸：《医疗事故赔偿法——来自日本法的启示》，法律出版社2007年版，第509页。

案中，患者基于宗教信仰拒绝输血，医生违背患者意志给予输血治疗，尽管治疗行为完全具备医学的正常性，但是有宗教信仰的情形下，日本最高裁判所作出了“当病人认为输血违反自己的宗教信仰，明确表示拒绝伴有输血的医疗行为时，病人的这种意思决定权作为人格权的内容之一应该得到尊重”的决断。❶

五、医疗行为豁免权

（一）医疗行为豁免权的概念与特征

豁免是指对于行为人所造成的不良的结果法律不予追究的制度。赋予豁免权的原因或者是因为主体身份的特殊性，如律师、外交人员，或者是因为行为本身的不予追责性。医疗行为豁免权是指医疗机构和医护人员在对患者实施合法诊疗行为时所造成的难以预防的不良后果不受追究的权利。医疗行为豁免权具有如下特征。

1. 权利主体是医务人员

享有医疗行为豁免权的主体必须是具有合法行医资格的医疗机构和医务人员，即必须是依法取得医疗机构执业许可证书的医疗机构，以及取得执业医师资格的医生和取得执业护士资格的护士。

2. 医务人员对于不良后果必须主观上无过错

医务人员必须遵守专业规则，恪守职业道德，对于诊疗行为履行充分的注意义务，诊疗行为符合医疗规章制度和技术操作规程，如果医务人员对于不良后果的造成具有过错，则不能享有豁免权。

3. 医疗豁免行为针对的不良后果具有不可避免性

医疗豁免行为所针对的不良后果，必须是医务人员尽到最大注意义务仍然难以避免的，即医疗豁免行为针对的后果是现代医学难以预防的损害。

---

❶ 夏芸：《医疗事故赔偿法——来自日本法的启示》，法律出版社2007年版，第513～514页、第534页。

（二）医疗行为豁免的事由

1. 实施诊疗行为必需且不可避免的损伤

为了诊断和治疗的需要，医疗行为本身就具有侵袭性，例如手术性治疗和创伤性检查均会切割患者肌体、服用药物对人体器官和组织的伤害等。

2. 抢救行为

在患者出现生命危险的情况下，必须采取及时和恰当的抢救措施。但是由于情况危急、时间紧促以及医疗技术的局限性，采取抢救行为时往往要冒一定的风险，对此造成的损失应当受到豁免。

3. 医疗意外和并发症

医疗意外是指医务人员在从事诊疗或护理工作中，由于患者的病情或者患者体质的特殊性而发生难以预料和难以避免的患者死亡、残疾或者功能障碍不良后果的行为。在医疗意外的情况下，虽然患者受到损害，但是由于是不能预见并不能避免的原因造成的，医务人员由于没有过错，对于损害不承担法律责任。例如手术后的严重后遗症，药物过敏试验测试为正常或未规定做药物过敏测试的药物，引发药物过敏等。

并发症是指疾病在发展过程中自然引起的另一种疾病，虽然并发症有时能够预见，但不能避免且难以防范。如剖腹手术后个别人引起肠粘连，而在有些人中就不发生，就避免肠粘连方面，现代医学没有有效的方法杜绝。并发症形成的原因很多并且比较复杂，与医务人员是否存在过失无直接的因果关系，但都属于现代医疗技术无法控制和无法避免的，因此也属于豁免事由。

4. 不可抗力

不可抗力是通用的免责事由，是指人力不能预见、不能避免并且不能抗拒的力量。其主要包括自然灾害和社会异常事件。前者包括地震、海啸、台风、海浪、洪水、蝗灾、风暴、冰雹、沙尘暴、火山爆发、山体滑坡、雪崩、泥石流等。后者如战争、武装冲突、罢工、劳动力缺乏、骚乱、暴动等，这些事件对发动者或制造者而言是能预见与避免的，而对私法行为的当事人而言则是既不能预见也不能避免与克服的。在医疗中出现的不可抗力，往往是指医疗行为本身以外的原因，例如手术过程中停电致使手术中断对患者造成损害。

5. 现代医学不能预料和避免*

医学并不能包治百病，医疗技术同样具有局限性和风险性，因此，在对患者诊疗过程中出现医方无法预见也无法控制的损伤，医方不应承担责任。

六、医疗费用请求权

医方提供服务后，有权要求患者支付相应的费用。

第二节 医方的义务概述

医方的义务，是指在医疗行为中，医方对于患者及其家属乃至整个社会所应承担的法律职责。

第一，遵守卫生法律法规和诊疗护理规范、常规的义务。《职业医师法》第22条规定，医师在执业活动中应当遵守法律、法规，遵守技术操作规范；树立敬业精神，遵守职业道德，履行医师职责。《护士条例》第12~19条规定护士执业，应当遵守法律、法规、规章和诊疗技术规范的规定。护士在执业活动中，发现患者病情危急，应当立即通知医师；在紧急情况下为抢救垂危患者生命，应当先行实施必要的紧急救护。护士发现医嘱违反法律、法规、规章或者诊疗技术规范规定的，应当及时向开具医嘱的医师提出；必要时，应当向该医师所在科室的负责人或者医疗卫生机构负责医疗服务管理的人员报告。

---

* 张喆："医疗行为豁免权以及立法意义"，载《锦州医学院学报（社会科学版）》2006年第4期。

第二，亲自诊查的义务。《职业医师法》第23条规定，“医师实施医疗、预防、保健措施，签署有关医学证明文件，必须亲自诊查、调查，并按照规定及时填写医学文书，不得隐匿、伪造或者销毁医学文书及有关资料”，要求医师应当尽到亲自诊查并签署医学证明文件的义务。诊查是获取患者身体状况和疾病信息的唯一手段，也是医师客观判断疾病，制订治疗方案的重要基础。由于病人的体质不同，疾病的外在表现形式各异，只有医师亲自对病人进行问诊才能得出客观准确的判断。亲自诊查在形式上要求医生与患者面对面进行问诊及查体。

第三，保密义务。由于医疗行为往往会接触到患者的隐私信息或身体的隐私部位，例如在医师问诊时，可能获悉患者的隐私信息；医师在查体时，可能接触患者身体的隐私部位；在对患者的血液、排泄物进行检验时，可能发现患者遗传等方面的秘密。因此法律既保护医患关系中患者的隐私权，也规定医务人员具有保密义务，其核心内容就是对患者隐私的保护。如我国台湾地区“医疗法”第72条规定：“医疗机构及其人员，因业务而知悉或持有病人病情或健康信息，不得无故泄漏”。我国《职业医师法》第22条第3款和《护士条例》第18条均从保护患者隐私的角度规范医护人员的保密义务。

由于医疗信息中隐私有时涉及患者本人之外的第三人的利益，因此，患者的医疗信息隐私权和医师的保密义务的冲突也出现相对缓和的趋势。如英国医学总会在2009年公布的一份医师保密义务指南中，针对基因检测信息，提出了相对弹性的保密义务。该指南指出病患的基因信息和一些其他信息，有时也会是和病患拥有共同基因或者其他连接的其他人的信息，因为在病患身上所诊断出来的固有缺陷基因所造成的疾病，可能也就指出了和病患有血缘关系的亲属的发病可能性，或甚至是几乎可以确定他们未来也会发病。此时，医师要提醒病患应该立即通知也有可能有此缺陷基因的亲属，以期能够协助那些亲属作出预防治疗或作进一步的检查。但是，如果患者基于各种个人原因表示反对，则医师应该自行衡量身为医师

对于保护病患所需遵守的义务与协助保护他人免于严重伤害两者之间孰轻孰重。❶

第四，病情说明和解释义务。《侵权责任法》第55条规定，医务人员在诊疗活动中应当向患者说明病情和医疗措施。需要实施手术、特殊检查、特殊治疗的，医务人员应当及时向患者说明医疗风险、替代医疗方案等情况，并取得书面同意。

第五，制作、保存病历的义务。制作和保存病历是证明医患关系的存在和记录医疗行为过程的主要证据。《医疗机构管理条例》第53条规定，医疗机构的门诊病历的保存期不得少于15年；住院病历的保存期不得少于30年。我国台湾地区“医疗法”第48条规定，医院、诊所之病历，应指定适当之场所及人员保管，并至少保存10年。病历内容应清晰、翔实、完整。医院之病历并应制作各项索引及统计分析，以利研究及查考。《德国医师职业规则》第11条规定，医师对于行使职务中的诊断和处置行为，应当制作成医疗记录，该记录不仅是医师的备忘录，它的制作和内容必须服从于病患的利益；在治疗结束之后，治疗记录应当至少保持10年，如法律和医疗经验有更长的期限要求的，则不限于10年的期限。❷

第六，转诊的义务。我国台湾地区“医疗法”第50条规定，医院、诊所因限于设备及专长，无法确定病人之病因或提供完整之治疗时，应建议病人转诊。但危急病人应依第43条第1项规定，作适当之急救处置，始可转诊。我国《医疗机构管理条例》第31条只对危重病人的转诊义务做了规定。

第七，合法出具医学证明的义务。其是指医师根据患者的需要，出具证明患者诊疗情况的医学证明文件。常见的医学证明文件包括出生医学证明、死亡医学证明、疾病诊断证明、病休证明、病历摘要、疾病诊断证明

---

❶ 黄丁全：《医事法新论》，法律出版社2013年版，第95页。

❷ 同上书，第93页。

等。《执业医师法》第23条规定："医师不得出具与自己执业范围无关或者与执业类别不相符的医学证明文件。"

第八，不得拒绝诊疗的义务。救死扶伤是医生的天职，不得因为患者职业、身份、社会地位和经济等原因拒绝对患者进行诊疗。我国相关法律的此项规定具体体现为对危急患者和传染病患者不得拒绝诊疗。《执业医师法》第24条规定，对急危患者，医师应当采取紧急措施进行诊治，不得拒绝急救处置。《传染病防治法》第52条规定："医疗机构应当对传染病病人或者疑似传染病病人提供医疗救护、现场救援和接诊治疗，书写病历记录以及其他有关资料，并妥善保管。医疗机构应当实行传染病预检、分诊制度；对传染病病人、疑似传染病病人，应当引导至相对隔离的分诊点进行初诊。医疗机构不具备相应救治能力的，应当将患者及其病历记录复印件一并转至具备相应救治能力的医疗机构。具体办法由国务院卫生行政部门规定。"《艾滋病防治条例》第41条规定："医疗机构不得因就诊的病人是艾滋病病毒感染者或者艾滋病病人，推诿或者拒绝对其疾病进行治疗。"

第九，报告的义务。《执业医师法》第29条规定："医师发生医疗事故或者发现传染病疫情时，应当依照有关规定及时向所在机构或者卫生行政部门报告。医师发现患者涉嫌伤害事件或者非正常死亡时，应当按照有关规定向有关部门报告。"

第四章　医疗侵权的归责原则

归责原则是确定某类侵权责任由某人承担的理由、标准和决定性因素，它体现了法律的价值判断标准，在侵权法中占据重要地位。医疗行为的特殊性和患者的相对弱势地位，使得医疗侵权归责原则更加具有特殊性，而如何确定医疗侵权责任的归责原则引导着医疗侵权责任的立法方向。

第一节　医疗侵权归责原则概述

一、归责原则的概念及意义

（一）归责原则的概念

根据德国学者拉伦茨的观点，归责是指“负担行为之结果，对受害人言，即填补其所受之损害”。[1] 所谓归责原则，就是确定责任归属所须依据的法律准则。归责原则所要解决的，乃是依据何种事实状态确定责任归属问题。[2]“在法律规范原理上，使遭受损害之权益，与促进损害发生之原因者结合，将损害因而转嫁由原因者承担之法律价值判断要素，即为‘归责’意义之核心。”[3] 因此，归责原则解决责任成立的正当性问题，其

---

[1] 王泽鉴：《民法学说与判例（第五册）》，中国政法大学出版社 1998 年版，第 259 页。

[2] 王卫国：《过错责任原则：第三次勃兴》，中国法制出版社 2000 年版，第 245 页。

[3] 邱聪智：《从侵权行为归责原理之变动论危险责任之构成》，中国人民大学出版社 2006 年版，第 31 页。

本质是责任分担机制，是将损害赔偿的不利后果分配给侵权人的法律上的理由，决定在损害发生后行为人承担责任的依据和基础，体现法律的价值判断。

（二）归责原则的意义

归责原则具有法定性，不允许约定排除适用，是立法者的利益权衡在立法环节的体现，是法官在侵权案件审理过程中确定案件责任构成要件举证责任的分配和损害赔偿原则以及范围的前提条件。归责原则贯彻于整个侵权法之中，集中体现了侵权法的价值功能。

首先，归责原则决定了行为人承担责任的法律基础和依据。其次，归责原则确定不同的侵权责任构成要件。不同的归责原则决定侵权责任的构成要件不同，例如“过错”是过错责任归责原则的构成要件，但在无过错责任中，就无须证明过错的存在。最后，归责原则决定不同的免责事由。

二、归责原则的类型

（一）世界范围内多元化的归责原则体系

1. 法国法

法国法曾采取单一的过错责任原则，《法国民法典》第 1382 条和第 1383 条规定了过错责任原则。第 1382 条规定：“基于过咎的行为，使他人发生损害者，应负赔偿责任。”第 1383 条规定：“个人不仅对于因自己之故意行为所生之损害，即对于因自己之懈怠或疏忽，致损害于他人者，亦负赔偿责任”。此即单一的归责原则，具有高度的概括性和抽象性，给予法官很大的自由裁量权，在较长时期内满足了司法的需要。但是伴随工业化的进程出现了大量事故，单一的过错责任原则无法满足现实的需求，法国最高法院终于在 1897 年依其创设了无过错责任原则。1988 年，法国制定劳工保险法，对劳工灾害采取无过错责任，其后及于堤防崩毁、煤气爆炸等意外事故，更及于汽车事故。

2. 德国法

《德国民法典》采取过错责任原则，过错侵权又分为三种类型：对绝对权利的不法侵害（第823条第1款）、违反保护他人之法律（第823条第2款）、故意违反善良风俗加损害于他人（第826条）。无过失危险责任的发展则在《德国民法典》之外，以特别法的形式发展。

3. 英美法系

不同于大陆法系以抽象一般规则为统领建立归责原则体系，以英国和美国为代表的英美法系并没有统一的侵权法体系，而是由法院创设出各种不同的个别侵权行为（Torts），并采取各种构成要件，就归责原则而言，英国侵权法原则上采取过失责任原则（Fault Principle），采取严格责任的有代负责任（Vicarious Liability）、动物责任及1987年制定的消费者保护法规定的产品责任。美国法在继承英国法的基础上，法院充分发挥主观能动性，创设出更多的侵权责任形态。尽管缺乏归责原则的一般规定，学者们都认为普通法中的归责原则可以抽象、归纳为若干类型。例如庞德认为，英美法系中的归责原则可以分为故意、过失、危险归责三种。

总体而言，世界范围内，侵权归责原则体现为以过错原则为中心的多元化状态，正如学者所言："大陆法系向多重责任发展，普通法系向有限多重责任发展。"[1]

（二）我国的归责原则类型

我国民法学界对于侵权归责原则的种类有以下几种代表性观点：（1）主张存在过错责任原则、无过错责任原则；[2]（2）主张存在过错责任原则、无过错责任原则、公平责任原则；[3]（3）主张存在过错责任原则、过错推定原则、无过错责任原则、公平责任原则；[4]（4）主张存在过

---

[1] 王利明：《侵权行为法归责原则研究》，中国政法大学出版社2004年版，第27页。

[2] 张新宝：《中国侵权行为法》，中国社会科学出版社1995年版，第46页。

[3] 孔祥俊："论侵权行为法的归责原则"，载《中国法学》1992年第5期。

[4] 杨立新：《侵权损害赔偿》，吉林人民出版社1990年版，第121页。

错责任原则、过错推定责任原则、公平责任原则并存。[1] 各种观点的主要分歧在于：公平责任原则是否属于独立的归责原则；过错推定原则是否属于过错责任原则的特殊类型。

笔者认为公平责任原则不具有独立性，其只是民法中的公平责任原则在侵权法领域的体现，在双方当事人均无过错的情况下，当事人分担损失的方式，因此其已经脱离侵权责任承担的本质，不属于独立的归责原则。过错推定属于过错责任原则的一部分，是过错责任原则适用中的一种特殊情形，它仍然以加害人的过错为责任的根据或标准，因此不可将其与过错责任相提并论，更不可将其作为我国侵权行为法的归责原则之一。[2] 因此，我国侵权责任的归责原则是过错责任和无过错责任的二元归责原则体系，过错推定责任属于过错责任的特殊形态，具有举证责任倒置的功能。

三、医疗侵权归责原则的政策考量

归责原则是法律所确定的责任分担的标准，蕴含着价值衡量和利益选择。究竟选择过错责任原则还是无过错责任原则与侵权行为的特征密切相关。与普通侵权相比，医疗侵权具有如下的特殊性：（1）侵权主体的特殊性。医疗机构及医护人员和患者是医疗纠纷的双方当事人，由于医学活动本身所具有的专业性和技术性，医院和患者在医疗活动中的地位也是不同的，医院作为专业的医疗机构，具有诊断、治疗的专业技术，因此其处于优势和主导地位。而患者相对处于弱势地位，在信息和技术上无法与医疗机构相平等。(2）医疗行为的特殊性。医疗行为具有专业性、伦理性、风险性和不确定性。某些风险是医疗技术本身就存在而难以避免的。(3）双方权利义务的特殊性，医生开展诊疗活动，具有告知义务、注意义务，患者有配合医生治疗、支付相关医疗费用的义务等。这些都使医疗侵权与法律规定的其他侵权有所不同，医疗侵权纠纷双方主体权利义务有

[1] 王利明：《民法·侵权行为法》，中国人民大学出版社1993年版，第83页。

[2] 张新宝：《中国侵权行为法》，中国社会科学出版社1995年版，第53页。

其特殊性。

如上所述，与医疗机构和义务人员相比，患者在知识和信息上均处于弱势，似乎采取无过错责任原则更加有利于患者。但是，不能忽略的是医疗机构并非商人，其行为更多地具有公益性，无限制地扩大医疗机构的法律责任显然不利于医疗事业的发展，并挫伤医务人员的积极性，引致防御性医疗行为，最终影响患者的利益。因此，医疗侵权归责原则必须考虑医患双方的利益，进行恰当合理的设计。

第二节　医疗侵权归责原则的比较法考察

一、德国医疗侵权的归责原则

德国在实务中，对医疗纠纷既可以使用侵权责任，也可以使用违约责任。如上所述，《德国民法典》并没有关于侵权责任的一般条款，而是区分权利和权益，设定不同的侵权标准，就归责原则而言，德国法在立法和实务当中均采取过错责任，并通过单独立法的形式对特定侵权形态采取无过错责任原则。德国并没有针对医疗侵权责任进行专门立法，实务中通常认为医事上之诊断或者医疗行为，通常构成对病人身体、健康甚至生命的侵害，从而符合《德国民法典》第823条第1款侵害他人权利的客观构成要件，因此在发生医疗损害的情况下，患者必须证明医师或医疗机构的医疗行为具有过错。

由于患者举证的困难，德国诉讼实务中通过适用表现证明原则来减轻患者的举证责任。“表现证明原则，系指依据经验法则，有特定之事实，即发生特定典型结果者，则于出现该特定结果时，法官在不排除其他可能性之情形下，得推论有该特定事实存在。”[1]

[1] 詹森林：“德国医疗过失举证责任之研究”，见《医疗过失举证责任之比较》，华中科技大学出版社2010年版，第45页。

如果依据违约责任追究医疗侵权责任，德国于2002年1月1日修订民法债编，其第208条规定了债务不履行责任，并且规定，债务人就其违反债务不可归责者，不适用前述规定。因此，医方违反医学专业知识或技术所要求的义务，患方可以依照修订后的民法第280条规定请求损害赔偿。❶

二、法国医疗侵权的归责原则

法国现行法有关医疗纠纷损害赔偿责任，采取“国家赔偿责任”与“民事赔偿责任”的双轨责任制，公立医疗机构及医护人员的损害赔偿责任，原则上由行政法院管辖，适用行政法规，决定有无国家赔偿责任。而私人医疗机构及其医护人员的损害赔偿责任，由民事法院管辖，适用民事法规，决定有无民事赔偿责任。然而，无论是国家赔偿责任或民事赔偿责任，“医疗过错”有无，仍是决定医疗损害赔偿责任是否成立的关键因素。❷ 鉴于患者承担过错举证责任的结果，患者因为知识局限性无法举证时，要承担败诉的后果，为平衡医患双方的利益，法国实务中也承认一些例外减轻或者免除病患负担医疗过错举证责任的情形。其中一种方式是法院直接将某些医疗契约上的义务，定性为是一种“结果债务”，❸ 病患只要证明病情未见好转，或没有达到预期的医疗效果，就足以成立损害赔偿责任，而无须证明医疗过错存在的事实，其无异于无过错责任。另一种方式是，法院虽然仍然将医疗契约定性为方法债务，但利用“推定过错”

---

❶ 强美英主编：《医疗损害赔偿责任分担研究》，知识产权出版社2010年版，第107页。

❷ 陈忠五：“法国法上医疗过错的举证责任”，见《医疗过失举证责任之比较》，华中科技大学出版社2010年版，第94页。

❸ 法国法区分方法债务和结果债务，结果债务要求债务履行必须达到预期的结果，而方法债务不以结果为债的目的。法国法中将医疗契约视为方法债务，即医师的契约义务，不在于确保疾病治愈的结果，而在于依其职业良知、可能的注意及医学既存知识上的各种措施，尽力从事“疾病治疗”的工作。

的举证责任倒置的方式，使患者不负医疗过错存在的举证责任。❶

三、荷兰医疗侵权的归责原则

在患者权利运动的推动下，荷兰医疗纠纷适用合同法而非侵权法。荷兰1994年颁布了医疗服务法案（*Act on Medical Services*），该法案具体规定了病人在医疗关系中所享有的各项权利，以及可能导致医疗责任的各项侵权的情形。该法案于1995年被收入《荷兰民法典》第七编“具体合同”之中，并易名为“医疗服务合同”。❷ 医疗损害适用违约损害赔偿的规定，与世界上大多数国家一样，采取一般过错原则。

四、美国医疗侵权的归责原则

美国侵权法体系中有“医疗过失”（Medical Negligence）的侵权类型，同样适用过错责任原则，医生在诊疗活动中没有尽到应尽的注意义务，给患者造成损害的，医生要承担损害赔偿的责任。不过，为了减轻患者的举证困难，美国医疗侵权损失中适用“事实自证”，来推定被告具有过错。医疗侵权中运用“事实自证”，意味着此时作为受到损害的患者，只需要证明自己遭受到了损害，受害患者无须并且也不可能证明该损害与医方的诊疗行为存在一定的因果关系，此时如果作为被告的医疗机构不能提供充分的证据，证明因果关系的推定不存在，那么就可以从事实情况方面推断医疗机构具有存在过失的可能。

五、瑞典医疗侵权的归责原则

瑞典以完善的社会福利制度而著称，从1997年开始实施患者保险制度，对某些医疗行为造成的损害进行补偿，不要求证明医生以及医疗机构

---

❶ 陈忠五：“法国法上医疗过错的举证责任”，见《医疗过失举证责任之比较》，华中科技大学出版社2010年版，第110~111页。

❷ 宁红丽：“大陆法系国家的医疗合同立法及其对我国的借鉴意义”，见《月旦民商法研究——法学方法论》，清华大学出版社2004年版，第150页。

的行为过失。[1] 保险费则来自地方医疗机构和职业医师。在该保险覆盖下，凡是因不合理医疗行为造成的人身损害或者医学上原本可以避免但实际上发生了的医疗损害，致使患者住院10天或者至少误工30天的，都可以得到无过错赔偿。

六、新西兰医疗侵权的归责原则

1974年实施的《新西兰意外事故赔偿法》（*The Accident Compensation Act*）被认为是史无前例的法律制度创举，因为该法实施无过失责任原则，承担损害赔偿不以过错为要件，只要有损害，有因果关系，有违法性，受害人就可以请求赔偿，法官就会支持其索赔要求。该法案覆盖了所有意外事故，包括医疗伤害。就医疗意外补偿而言，分为“医疗错误”（Medical Error）及“医疗不幸”（Medical Mislap），并分别适用不同的补偿条件。“医疗不幸”维持无过错的补偿性质，而“医疗错误”则以医护人员的过失为补偿条件。但实际上“医疗不幸”非常严格，符合条件者很少。因此，过失依然是医疗伤害的一个重要构成要件。

七、结　　论

比较各国立法，可以得出：在医疗侵权责任领域，过错原则依然是主要的归责原则，只不过为了减轻患者的举证困难，在“过错”证明的方法上，采取如“表见证据”“推定过错”等方法。无过错原则很少适用于医疗侵权责任，即使适用，也有非常严格的条件。除此之外，以新西兰、瑞典为代表的国家医疗风险的分担制度，非常值得借鉴，通过建立保险制度或者相似制度，更大范围地弥补患者的损失，从补偿角度而言，与侵权责任法异曲同工，甚至其效果更加明显。

---

[1] Michael Fauer，Helmut Koziol：*Case on Medical Malpractice in a comparative perspective*，Springer，Vienna/NewYork，2001，p. 295. 转引自强美英主编：《医疗损害赔偿责任分担研究》，知识产权出版社2010年版，第109页。

第三节　我国医疗侵权归责原则体系

一、我国医疗侵权归责原则的历史发展

（一）《侵权责任法》颁布之前关于医疗侵权归责原则的规定

在《侵权责任法》颁布之前，《民法通则》是我国调整侵权责任的基本法律规范。《民法通则》第106条第2款规定："公民、法人由于过错侵害国家的、集体的财产，侵害他人财产、人身的，应当承担民事责任。"确定侵权责任适用过错归责原则，同时第3款规定："没有过错，但法律规定应当承担民事责任的，应当承担民事责任。"这表明，只有在法律明确规定的情形下，适用无过错责任原则。《民法通则》并未规定医疗侵权责任，从解释论的角度分析，医疗侵权当然适用过错责任。

1986年发布的《医疗事故处理办法》第2条规定："本办法所称的医疗事故，是指在诊疗护理工作中，因医务人员诊疗护理过失，直接造成病员死亡、残废、组织器官损伤导致功能障碍的。"在医疗事故认定中适用过错责任原则。2002年国务院通过的《医疗事故处理条例》第2条规定，"本条例所称医疗事故，是指医疗机构及其医务人员在医疗活动中，违反医疗卫生管理法律、行政法规、部门规章和诊疗护理规范、常规，过失造成患者人身损害的事故"，仍然采取过错原则。

2001年最高人民法院颁布《关于民事诉讼证据的若干规定》，第4条第1款第（8）项规定："因医疗行为引起的侵权诉讼，由医疗机构就医行为与损害结果之间不存在因果关系及不存在医疗过错承担举证责任。"许多学者认为，此项规定表明医疗事故采用过错推定原则。

（二）《侵权责任法》关于医疗侵权归责原则的规定

《侵权责任法》专门规范了医疗侵权责任，并用11个条文对医疗损害进行规范。《侵权责任法》第54条规定："患者在诊疗活动中受到损害，医疗机构及其医务人员有过错的，由医疗机构承担赔偿责任。"其以一般

条款的形式规定医疗侵权责任适用过错责任原则。

该法第58条规定："患者有损害，因下列情形之一的，推定医疗机构有过错：（一）违反法律、行政法规、规章以及其他有关诊疗规范的规定；（二）隐匿或者拒绝提供与纠纷有关的病历资料；（三）伪造、篡改或者销毁病历资料。"由于实践中出现上述情形往往与医疗机构的过错结合在一起，因此推定医疗机构有过错。

第59条规定："因药品、消毒药剂、医疗器械的缺陷，或者输入不合格的血液造成患者损害的，患者可以向生产者或者血液提供机构请求赔偿，也可以向医疗机构请求赔偿。患者向医疗机构请求赔偿的，医疗机构赔偿后，有权向负有责任的生产者或者血液提供机构追偿。"根据该条，因药品等医疗产品缺陷给患者造成损害的，适用无过错责任原则。

二、我国医疗侵权归责原则的体系

以侵权责任法为核心，我国建立起以过错责任原则为主体，以过错推定责任和无过错责任为补充的多元的归责原则体系。学者杨立新将我国侵权责任法中的医疗侵权行为划分为医疗技术损害、医疗伦理损害和医疗产品损害，并分别适用于过错责任、推定过错和无过错责任。

（一）医疗技术损害适用过错责任原则

医疗技术损害，是指医疗机构及医务人员在医疗活动中，违反医疗技术上的高度注意义务，具有违背当时的医疗水平的技术过失，造成患者人身损害的医疗损害责任。[1] 医疗技术损害是最基本的医疗侵权形态，应当适用过错责任原则，即必须具备医疗过错、医疗损害、因果关系三要件，并且遵循"谁主张、谁举证"的证明规则，由患者承担举证责任。同时，在出现特定事由的情况下，适用过错推定，由医疗机构举证证明过错不存在。特定情形包括：（1）违反法律、行政法规、规章以及其他有关诊疗

[1] 杨立新：《医疗损害责任研究》，法律出版社2009年版，第120页。

规范的规定；（2）隐匿或者拒绝提供与纠纷有关的病历资料；（3）伪造、篡改或者销毁病历资料。

（二）医疗伦理损害适用过错推定原则

医疗伦理损害是指医疗机构和医务人员违背医疗良知和医疗伦理的要求，违背医疗机构和义务人员的告知或者保密义务，具有医疗伦理过失，造成患者人身损害以及其他合法权益的医疗损害责任。[1] 如前所述，过错推定并非独立的归责原则，其主要功能在于降低原告的证明责任。我国对于医疗伦理损害适用过错推定原则的理由是：（1）咨询、保密等义务是医疗机构及医务人员应当履行的高度注意义务，医疗机构有义务提供证据证明是否履行该义务。（2）受害患者在诉讼中已经证明了医疗机构及医务人员违反告知、保密等义务，可以推定医疗机构及医务人员存在过错。（3）在医疗活动中，患者通常处于被动状态，而医疗机构通常在告知等义务履行以及患者知情同意的时候，要签署同意书。因此，告知等义务的履行，通常可以通过提出“患者同意书”而得到证明。因此，尽管实行推定过错，然而对于医疗机构而言，并非不合理的诉讼上的负担。[2]

（三）医疗产品损害适用无过错责任原则

医疗产品损害是指药品、医疗器械等医疗产品缺陷造成患者损害所应承担的侵权责任。这类侵权案件与一般的侵权案件相比有其特殊性。其主要表现在这类侵权对患者的损害并不与医务人员的主观意志有太大的关系，且医疗产品在广义上仍属于产品的一种，而我国侵权法对存在缺陷的产品造成的损害实行的是无过错责任原则，因此如医疗器械、消毒药剂以及输血给患者造成的损害都一律适用无过错责任原则，只要存在损害和因果关系，责任即成立，无须证明过错的存在。患者可以选择向生产者或者

---

[1] 杨立新：《医疗损害责任研究》，法律出版社2009年版，第136页。

[2] 同上书，第69页。

医疗机构主张损害赔偿，医疗机构赔偿后，有权向负有责任的生产者进行追偿。

笔者认为，我国侵权责任法所建立的多元归责原则符合医疗侵权责任的特点，有利于平衡医患双方之间的利益，具有合理性。

第五章　医疗侵权责任的构成

侵权责任的构成要件是指加害人或者负有赔偿的义务人承担责任的必要条件。对于侵权责任的构成要件有三要件说、四要件说、五要件说，甚至七要件说。四要件说主张侵权责任的构成要件包括侵权行为、损害事实、因果关系、行为人过错。三要件说则认为侵权责任的构成要件包括损失事实、因果关系和过错。笔者持三要件说，因为“随着过错概念的客观化，以及违法推定过失的发展，对客观的违法行为和主观的心理状态已经很难进行区分，尤其是随着现代经济和技术的发展，在许多领域对行为标准的确定越来越具体化，要采用各种技术性的标准来确定人们的行为规则，违反了这些规则不仅表明行为具有违法性，而且表明行为人具有过错，所以，过错本身可以吸收违法性的概念”。[1]

第一节　医疗过错

“使人负损害赔偿的，不是因为有损害，而是因为有过失，其道理就如同化学之原理——使蜡烛燃烧的不是光而是氧一样的浅显明白。”过错是侵权损害责任认定中的关键因素，在医疗损害责任认定中亦同。《侵权责任法》第54条明确规定医疗损害之归责原则为过错责任，并在第57条规定医务人员在诊疗活动中未尽到与当时的医疗水平相应的诊疗义务，造成患者损害的，医疗机构应当承担赔偿责任；同时在第58条规定医疗机

[1] 王利明：《侵权行为法研究（上卷）》，中国人民大学出版社2004年版，第347页。

构违反法律、行政法规、规章及其他有关诊疗规范的规定推定医疗机构有过错。但是，医疗过错的内涵究竟如何？“与当时的医疗水平相应的诊疗义务”和“诊疗规范”的具体含义如何？二者在医疗过错的认定中居于何位？上述问题在立法中尚未得到清晰的界定。另外，由于医疗行为的专业性，在医疗损害责任纠纷的司法裁判中，法官往往借助医疗司法鉴定或者医疗事故鉴定来确定医方是否具有过错，因此司法实践中亦缺乏医疗过错认定的可操作性的裁判规则。笔者认为，在医疗过错的认定过程中必须尊重医学的专业性，但同时应坚守司法机关的最终裁决权，因此，必须在明确医疗过错认定应遵循的特殊原则的前提下，提炼影响过错认定的基本元素，从而为司法实践提供依据。

美国医疗损害通常的判断标准是：“医师不具有适当的医疗技艺，不能以一般的勤勉和努力去运用医疗技艺，并违反一般的医疗常规进行医疗活动，过失责任即构成，如果一个患者在接受医疗中因医师不能遵从一般认可的职业标准而受到损害，这个患者可向这个有过错的医师要求赔偿。”❶

一、医疗过错认定应遵守之原则

（一）过错的内涵——理论的分歧与现实的融合

侵权法理论中，对于过错的内涵历来存在主观说和客观说的分歧。主观说认为，过错是行为人应受谴责的主观意志状态，其评价的标准是道德上的正当与非正当。在主观说的理论体系中，过错的心理状态包括故意和过失。主观过错说认定过错的基本方法是判断行为人能否预见其行为的后果，其具体适用分为三个步骤：确定行为人对其行为的结果有无预见或认识；若有预见和认识，则确定他对这种结果所持的态度如何；若无预见和认识，则确定他是否应当预见和认识。而判断此种预见性是否存在，应当综合分析行为人对于自己行为或后果的理解、判断、控制、认识等方面的

❶ 王岳、邓虹：《外国医事法研究》，法律出版社2011年版，第41页。

状况及能力，从其意志活动过程来确定过错。客观说则认为，过错的本质是行为人违反了社会所要求的基本行为准则，其基本的裁判方法是将行为人的行为与法律所认可的行为准则之间进行比较，如果行为人之行为低于社会所要求的基本行为准则，就被认定为有过错。在客观过错的体系中，法律所认可的基本行为准则被表述为"理性人""合理人"或者"善良家父"在同等情况下所应当为的行为。"理性人""合理人""善良家父"均是抽象的人，其判断标准在罗马法的善良管理家父的标准基础上进一步发展，要么以一个"合理人"或者"善良管理人"应当尽到的注意义务为标准，要么以行为人是否违反法律确定的作为或者不作为义务为标准。英美侵权法采取典型的客观过失概念，对于是否违反注意义务已经形成相当成熟的规则，包括合理的预见性、近邻规则和政策衡量。合理预见性规则是判断是否具有过错的前提规则，是分析"合理人"对于可能给受害人造成的损害的后果能否预见，如果能够预见，就具有构成过错的前提；近邻规则用以确定被告与受害人之间是否存在一定的联系，从而判断被告是否对于受害人具有注意义务；而政策衡量则是对将来可能受案件影响的社会公共利益的考察和评估，其目的在于将行为人的注意义务限定于社会公众普遍能够接受的公平、正义的合理限度之内。可见，与主观过失的判断方式相比，在客观过失中，对于行为人的预见与避免可能性的判断并没有消失，只不过这种判断建立在一个抽象"理性人"的预见和避免能力之上。

任何一种法学理论都蕴含深刻的哲学思想，主观过错说和客观过错说的分歧建立在不同的哲学基础上，并与侵权法的历史发展息息相关。主观过错建立在康德的意志自由理论以及根据意志自由理论而建立的法律观之上，主观过错考量行为的主观心理状态，以预见能力作为判断行为准则的标准，其目的在于为个人的行为自由划出必要的界限，将责任限定在可预见的风险范围内；既要维护必要的社会公平和社会秩序，又要最大限度地满足人的行为自由。"归责的意义，乃在于法律判断上，确定行为者负担法律效果。因此，其基础乃很容易从行为人主观之意思或能力上求其根据。近代理性哲学大放光彩，归责根据为人类内在自由意志或心理状态欠缺之理论，乃告奠定，亦惟有如此，始能合理说服令行为人使其负担赔偿责任之根据。从而，在道德或伦理上，获得高度的妥当性。”❶ 而20世纪以后，侵权法理论发生巨大的变化，从追求分配正义转向矫正正义，“人们不再从侵权行为本身而是从受害人所遭受的损失中寻找责任的基础，受害人被置于侵权法的核心地位”。❷ 侵权法的目的不再是对行为人的惩戒和阻却其他人从事和行为人同样的行为，而转向更加关注对受害人的救济。可见，客观过错说认为侵权责任的功能在于损失的分配，是公共政策考量的结果。

“众所周知，人的思想不得加以审判，因为撒旦本人也不知道人的思想。”探求人的内心真意的不可实现性导致主观说在实践中缺乏可操作性，客观过错说或者二元说❸逐渐占据主流地位。尤其在侵权责任审判实务中，司法裁判者往往并不追究过错究竟是主观性还是客观性，但在过错的认定上，法官和律师的观点基本一致，其裁判结果亦符合社会的共同期望，就我国司法裁判而言，实际上已经接受和贯彻了客观过错的认定方法。“在审判实务中，对于过错的具体判断，一般是采用一种可称为‘行为对比’的方法，即：将个案中当事人的行为，与通常情况下一般人惯常行为加以对比；如果当事人的行为比惯常行为有欠缺之处，则认定该当事人具有过错。”❹ 并以注意义务的违反作为构成过错的核心判断因素。就

❶ 邱聪智：《民法研究（一）》，中国人民大学出版社2002年版，第86页。

❷ 张铁薇：“关于侵权法的几点哲学思考”，载《政法论坛》2012年第2期。

❸ 二元说认为过错本质上是一种主观心理状态，但其判断标准则具有客观性。

❹ 高海鹏、高菲斐：《侵权案件裁判思路与操作》，中国法制出版社2011年版，第11页。

注意义务的来源来看，包括传统文化和善良风俗、[1] 公共场所管理者合理限度范围内的安全保障管理义务、[2] 特殊职业的安全保护义务[3]等。

由此可见，在理论和实践中，过错更多时候被认为是行为人违反合理人的注意义务的状态。“过失就是没有去做一个理性人基于通常调整人类行为的考量因素而应当去做的事，或者做了一个谨慎而理性的人不会去做的事。”更有人认为，过失不但与行为人的应受责难性无关，而且应当独立于侵害行为实施者的个人生理、心理因素。[4] 因此，“理性人”和“注意义务”的确认是过错认定的抽象标准。

（二）医疗行为的特征及其对医疗过错认定的影响

如上所述，在司法实践中过错更多地具有客观特征，以合理人的注意义务为衡量之标准，医疗侵权过错的内涵和认定自然不出其外。但是司法实践中法官常常将判断医生是否具有过错的裁量权付诸医疗司法鉴定或者医疗事故鉴定，其根本原因在于医疗行为的特殊性导致法官在医疗过错的认定上存在诸多困惑。

第一，与一般的民事行为相比，医疗行为具有高度的风险性和侵袭性。医疗行为的风险不仅来源于医疗行为本身的技术性、探索性和不完善性，而且来源于患者自身体质的特殊性，例如同一疾病在不同个体身上可能会有完全不同的临床反应，不同疾病在不同个体身上可能会有相同的临床反应，因此对于某些医疗风险医生往往无法预测和控制。另外，许多医

[1] “擅自处理死者遗体是否构成侵权”裁判理由，见奚晓明主编、罗东川副主编：《侵权案件指导案例评注》，中国法制出版社2010年版，第10页。

[2] “受害人拉拽枯树致使自己死亡案件中，双方责任应该如何承担”裁判理由，见奚晓明主编、罗东川副主编：《侵权案件指导案例评注》，中国法制出版社2010年版，第17页。

[3] “原因竞合的侵权中，侵权人的责任应如何承担”裁判理由，见奚晓明主编、罗东川副主编：《侵权案件指导案例评注》，中国法制出版社2010年版，第26页。

[4] ［德］格哈特·瓦格纳、高圣平、熊丙万：“当代侵权法比较研究”，载《法学家》2010年第2期。

疗行为本身对于患者的机体就具有侵袭性，例如活体穿刺和手术切除、癌症的放射性治疗和化学性治疗。第二，医疗行为具有高度的专业性和技术性。这决定了医患双方在医疗过程中居于不对等的地位，患者处在弱势地位，而医生在治疗过程中具有自主性。疾病的诊断和治疗，不仅普通民众难以了解，即使是非本科医师亦不尽明白。“倘若医生为医疗行为时不能自主，则无异于医匠，听从定做人之指示而为，其责任范围将减少，医学进步将减缓，甚至医疗失去其专业性，更毋庸道德伦理如何规范医疗行为。”❶ 第三，医疗行为具有伦理性和道德性。“健康所系，性命相托”，这就决定了医学伦理和职业道德也是医疗行为必须遵守的准则。

医疗行为的诸多特征决定了医疗过错的认定必须遵循特殊的原则，无论是医疗侵权行为的立法还是司法，或者是医疗过错的鉴定都应当遵循这些原则。第一，由于医疗行为具有道德性和伦理性，决定了医疗过错不包括故意，医疗过失的认定也不需要考量心理因素和意志因素。第二，医疗行为的侵袭性和高风险性决定医疗过错的认定中必须容忍合理的医疗风险。第三，医疗行为高度专业性和技术性决定医疗过错的认定必须尊重专业判断原则。例如在误诊的认定上，应当“区分判断错误与过失”，“判断错误可能是过失，但不必然是过失，如果医生已经行使了合理的注意，不构成过失的判断错误可形成一种抗辩”。❷ 即使损害是医疗过错造成的，也需要确定医疗过错在损害中的作用大小。例如，患者死亡原因主要在于他本人原来有多年的高血压病史，并有脑梗塞病史，就诊时已存在后循环供血不足。但是医院药物使用不当加剧了患者病情发展和他本身的疾病相结合最终导致患者死亡的后果。因此，法院判决医院应承担40% 的责任。第四，医疗行为的自主性要求医疗过错的认定必须尊重医生的自由裁量权。医学尚处于经验医学的阶段，对于未知的领域，应当允许医生根据理

❶ 龚赛红：《医疗损害补偿立法研究》，法律出版社2001 年版，第 9 页。

❷ 赵西巨：“关于我国医疗过失与因果关系之鉴定和认定的思考”，载《证据科学》2011 年第 19 期。

论、学说和经验，在临床治疗时，对采用的方法和措施有一定程度的自由裁量权。例如，美国法中的“两种流派”原则（又称为“尊重少数派学者观点”）和英国法中的 BALOM 测试标准，正是法官不干涉医学实务原则的体现，是对医学专业性的尊重。第五，应当坚持司法机关在医疗过错认定上的最终裁判权，即对医学观点的尊重是应该有底线的，法官对于医疗行业规则应当采取有条件的尊重，例如英国 1997 年 Bolitho v. City and Hackney Health Authority 一案，判决认为，值得法院尊重的行业观点应是“负责任的”（Responsible）、“合理的”（Reasonable）、“值得尊敬的”（Respectable）、“有逻辑基础的”（Logical Basis）或“经得起逻辑分析的”（Withstanding a Logical Analysis）。据此，尽管专业判断是裁判医生行为的主要标准，却不是唯一也不是最终的标准，因为有可能从业者所采取的职业习惯并不是为了服务或者有利于患者，而是为了保护行业利益。

二、医疗过失认定的抽象标准——“合理医生”的“注意义务”

根据客观过错说理论，过错是违反了“合理人”的“注意义务”。在医疗过错的认定中，对“合理人”的设定应当契合医疗行为的特征，其行为标准应当符合行业规则，毋宁称其为“合理医生”。借鉴英美法系对于专业人士行为标准的表述：“合理医生”的“行为必须符合本职业中一个合格的且具有普通谨慎的从业人员在相同或相似条件下所应采取谨慎行为”。[1] 可见，“合理医生”的行为标准包括技能标准和职业谨慎标准。

在技能标准的确定上，“合理医师”应当是一个最基本的合格医生的标准，其医疗技术水准是该医生所处的技术领域中一名普通医生所具有的一般的技术能力和知识储备，而不是该领域中最有经验、最有技术，或最有资格的医生所具有的技术水准。例如，如果存在多种医疗方案，患者当

---

[1] 李响：《美国侵权法原理与案例研究》，中国政法大学出版社 2004 年版，第 194 页。

然会期待创伤更轻、技术更先进的治疗方案，但医生有权选择自己把握性更大的治疗方案。例如与传统的开腹手术相比，腹腔镜手术具有手术创伤小、术后恢复快、基本无疤痕等优势，但医生并未完全掌握该种手术方法，从而采取传统开腹手术，患者术后因疤痕明显而主张医生未尽最大注意义务，应当选择对患者伤害更小，且手术后更为美观的腹腔镜手术，由此认为医生在手术方案的选择上存在过失，患者的此种主张不应支持。❶

因为医疗行为与患者的身体健康乃至生命息息相关，医生的职业地位决定他们是医疗行业的“专家”，患者对医生具有高度的依赖和信赖，所以，在职业谨慎标准的确定上，医生应承担“高度注意义务”，在韩国称其为医生“最善的注意义务”和“高度的注意义务”，❷ 在日本法中称为“最善之注意义务或万全之注意义务”。❸ 医生的“高度注意义务”要求医生必须根据病患的具体情形进行深度的检查和诊疗，而不应仅拘泥于医疗惯例和医疗常规。例如，手术医生在手术探查时只想到了本专业范围，没有探查肠系膜、膈下、肾脏血肿，未请泌尿外科会诊，从而没有从根本上解决出血的问题，即违反了医生的“高度注意义务”。

除此之外，由于医师级别和层次不同，其注意义务的程度也应有所不同。例如，专家医师应当达到行业领域的专家标准，不过这个标准仍然是专家的基本标准，而不是最有经验的最出色的专家标准；不同专科医师的注意义务也是不同的，专科医师对其专科领域内的注意义务标准应高于一般医师的注意义务。另外，全科医师在接诊需要专科医师诊治的患者时，应有义务劝告患者去专科诊治的注意义务，除非遇到紧急情况或者患者有明确要求。就医生注意义务的内容而言，包括医学科学上的注意义务，如

---

❶ 案例引自李剑、李艺扬：“论医疗过失的认定”，载《医学与哲学》2012 年第 5A 期。

❷ ［韩］石熙泰著，金成华译：“医疗过失的判断基准”，见《民商法论丛（第 37 卷）》，法律出版社 2007 年版，第 268 页。

❸ 赵西巨：《医事法研究》，法律出版社 2008 年版，第 234 页。

谨慎诊断、治疗义务，严格遵守手术操作规程的义务；以及医学伦理上的注意义务，如告知义务、说明义务、保密义务、尊重患者自主决定意愿的义务以及意愿组织、管理、监督义务等。

综上所述，在“合理医生”的标准确定上，应是最低的技能标准；而在注意程度的确定上，则是高度的注意义务，其蕴含要求医生应当具有高度的责任心和高度的职业谨慎。

三、医疗过错认定的具体考量因素

当发生医疗损害的时候，如何判断医生的行为是否符合“合理医生”的“注意义务”？本书认为应当考察案件的具体情形，综合考量以下因素。

（一）是否尽到普通人的注意义务

一般情形下，假如医生未能尽到不具有专业知识的普通人也能尽到的注意义务，显然具有过错，因此，普通人的注意义务是医生注意义务的最低标准。比如在外科手术中，不将纱布等手术废弃物遗留在患者体内是普通人也能尽到的注意义务，如果医生未能尽到此种注意义务，显然具有过错。

（二）是否符合诊疗规范

从医疗从业角度看，诊疗规范是医生从事医疗行为时必须遵守的专业准则，从法律角度分析，诊疗规范是“合理医师”之“注意义务”的重要渊源，也是法律尊重医学科学的具体体现。作为医疗过错依据的诊疗规范是一个含义较广的概念，包括以规范化文本表现的诊疗规范和医疗行为中的惯常做法。具体而言，包括法律、行业制定的技术规范，临床惯例以及医学文献，如《执业医师法》《母婴保健法》《传染病防治法》《药品管理法》《血液制品管理条例》《消毒管理办法》《医疗机构临床使用血管理办法》等是我国重要的医师法律，也是医疗行为必须遵守的行业规范。中华医学会各专业委员会、中国抗癌协会等制定的各疾病的诊疗方案在性质上属于专业医学学术团体所提出的专业指导准则，对于确定医护人员的医疗注意义务有一定的参考价值。临床惯例是指行业公认的医疗实践做法。如医师手术应有无菌观念、止血彻底等。由于临床惯例非成文化，因而内容极不明确，外延也较宽泛，因此在审判中首先应当确认是否存在这样的临床惯例。医学文献的记载作为一种科学的表现，既不同于卫生法律法规的规定，也不同于诊疗护理常规，因而它可作为医师注意义务的一个独立的根据，在有些情况下，医学文献的记载也会上升为卫生法律法规等规范性文件的规定和诊疗护理常规。

（三）是否达到“高度”注意的程度

医疗规范虽然是相当重要的过错裁判依据，但是并非最终依据。如果医生的行为尽管符合当时的诊疗规范，但是综合判断各种情形，认为医生并未尽到高度的谨慎与注意，就仍然有可能裁判为具有过错。例如，美国1974年的Helling v. Carey案，原告起诉被告眼科医生具有过失，理由是被告近10年来为原告进行眼科检查，却没有及时地诊断出青光眼，并进行有效治疗，以至原告直到32岁才被明确诊断。专家证词证明，青光眼在40岁以下这一年龄组中发病率只有0.4‰，对该病例来说属于非常规检查，因而被告坚持专业标准，认为不应承担责任。而本案引用Hand法官的观点：“在绝大多数案件中，合理谨慎，但决非严格的尺寸。某个完整的行业在采用新的可用设备时可能不当滞后，它可能从未确定过标准，却被看做惯例。法院对什么是必需的具有最终决定权；预防措施如此必要以至于即使业内全体人员忽视也不能免除被告的疏忽责任。”❶ 实践中，可以通过以下因素考量是否达到“高度”的注意义务。

第一，是否对损害结果具有可预见性以及尽力回避风险。在并未违反医疗常规的情形下，根据患者的具体情况，如果医生对于损害结果应当具有可预见性，就有可能构成过错。例如肾功能检查虽然不是使用庆大霉素

❶ 周益文：“论美国医疗过失案件中注意标准的确立——从历史的视角纵向分析”，载《中国卫生法制》2012年第4期。

药物前的常规检查，但庆大霉素具有肾毒性作用，在患者在有长期高血压病史及腹泻4天的状况下，已有潜在肾功能损害的可能性，医生在诊疗过程中就应当预见到造成肾功能损害的可能性。又如在刨宫产手术中，医生是否特别注意防止损伤输尿管，在甲状腺手术中是否特别注意避免喉返神经损伤。

第二，是否根据行为引起损害的可能性和严重性作出恰当的医疗行为，在损害的可能性和严重性较大的情况下，医生的注意义务相对较高。例如患者摔倒后存在一种头部内部损伤的风险，此种风险概率虽小，但是后果非常严重，因此如果医生未能检查头部损失就有可能被认定存在过失。又如1961年日本最高裁判所“输血感染梅毒案判决”，在该案中，医方在采血时未对供血人是否有感染梅毒可能性进行问诊，但在当时因为供血人提供验血检查阴性报告，采血时不实施问诊是临床惯例，对此，最高裁判所判定，尽管采血时不对供血人进行问诊的行为符合当时的临床惯例，却也不能依此否定医方的行为有过失。

第三，是否采取恰当的医疗行为避免损害的扩大。例如患者腿部开放性粉碎性骨折，创口附着大量煤渣、泥沙等污染物。根据其伤情，如果要彻底避免手术后发生感染，最好的办法是截肢，但那样做肯定会使患者终生残疾。为了减少患者的损失，医院决定采用清洗创口以及钢板内固定、石膏外固定的手术，以求保住这条腿。

在上述研究基础上，分析我国《侵权责任法》第57条中所指的“与医疗水平相应的诊疗义务”的内涵应当是“合理医生的注意义务”，而第58条所称之“诊疗规范”仅是判断医疗过错的因素之一。值得肯定的是，第58条规定违反诊疗规范适用推定过错原则，意味着虽然行为符合诊疗规范，但未达到高度注意义务，仍可能被认定具有过错，吻合了“合理医生的注意义务”是医疗过错认定的终极标准的基本观点。

第二节　医疗侵权中的因果关系

一、侵权法上因果关系概述

（一）哲学上的因果关系

法学作为具体部门学科离不开哲学的指导，尽管法学上的因果关系不完全等同于哲学上的因果关系，二者却是异中有同的关系。哲学上把现象和现象之间那种“引起”与“被引起”的关系，叫做因果关系。因果关系是哲学上的重要课题，古希腊、古罗马以来，不同的哲学流派对因果关系有不同的分析。亚里士多德作为古希腊哲学的集大成者，他的“四因说”是集大成的产物，同时也是早期哲学中的因果关系学说。“四因说”认为事物是由四个原因组成，质料因、形式因、动力因和目的因。质料因是最初的“基质”，是构成一个物件而本身继续存在的东西，但它是被动的物质；形式因是指事物的形式结构，说明事物的本质，表现为事物的结构或整体；动力因使一定的质料取得一定的形式结构的力量，是引起一个具体事物的变化者和制造者；目的因是指一个具体事物之所以成为形式所追求的那个东西，是产生的目的。不过，这种意义的因果关系其实是古代人们试图解释世界的一种表现形式而已。

以观察和实验为主要手段的近代自然科学的发展对哲学中的因果关系理论的发展提供了新契机，拉普拉斯的因果决定论最具有代表性，认为如果知道宇宙中每一客体的位置和运动，就能预见宇宙中每一客体在将来任何时候的位置和运动，当然也能追溯宇宙过去的每一状态。这意味着如果能够获得宇宙的正确图景，就能预见一切发生的事情以及人们所做的每一件事。这种因果观念是17～18世纪经典理性主义者，基于对科学理性的无限信赖，在因果关系上的反映。

休谟则从彻底的经验论出发，否定了因果关系的必然性和客观性，对因果关系提出新的理解，对其后因果关系的概念和学说的发展影响深远。

休谟对因果关系给出两个定义："凡与前一个对象类似的一切对象都和与后一个对象类似的那些对象，处在类似的先行关系和接近关系中。""一个原因是先行于、接近于另一个对象的对象，它和另一个对象那样地结合起来，以致一个对象的观念就决定心灵去形成另一个对象的观念，一个对象的印象就决定心灵去形成另一个对象的较为生动的观念。"❶ 上述两个概念的核心内容并无不同，均强调现行关系和接近关系是因果关系的必要条件，原因和结果并不存在物理上的必然性。所谓必然性，只存在于人的内心。"先行关系"就是时间上"因"先于"果"的关系，"接近关系"是指原因和结果在时间和空间上必须是接近的。除了"先行关系"和"接近关系"之外，休谟还指出必然性是因果关系的重要因素，但他所谓的必然性是"建立在经验的恒常结合基础上的心灵的习惯性联想"，是一种心理上的必然性，并不是物理上的必然性。

穆勒（又译密尔）在继承休谟的因果关系学说的基础上，摒弃了过于强调心理因素的因果关系观念，开始寻找因果关系的逻辑形式。穆勒与休谟的一个不同之处是，他没有把因果关系完全归结为现象之间的恒定接续或恒常汇合，而是在此现象之上加上一条规律即所谓的"普遍因果律"(the Law of Universal Causation)，有时简称为"因果律"。普遍因果律说的是："所有具有开端的事实都有其原因"，并且"这一真理是与人类经验共存的"。把原因和结果定义为："对于某些事实，某些事实总是并且(正如我们所相信的) 将继续跟踪而来。那恒定的先行者（the Invariable Antecedent）就叫做原因；那恒定的后继者（the Invariable Consequent）就叫做结果。"❷ 穆勒建立了以消除非相干因素为基础，以演绎思想为补充的求因果五法：（1）如果所研究的对象的两个或两个以上的事例只有一个情况是共同的，那么这个唯一的使所有事例有一致之处的情况，就是给

❶ [英] 休谟著，关文运译：《人性论》，商务印书馆 1997 年版，第 147 页。

❷ 陈小平："评密尔的因果理论"，载《自然辩证法研究》2008 年第 6 期。

定现象的原因或结果。（2）如果所研究的现象出现于其中的一个事例和它不出现于其中的事例只有一个情况并非共同，而这个情况只出现于前者中，此外的每个情况是共同的，那么这个唯一的使两个事例有差异的情况，就是该现象的结果或原因，或原因的一个必要部分。（3）如果现象出现于其中的两个或两个以上的事例只有一个情况是共同的，而现象不出现于其中的两个或两个以上的事例除没有那个情况外并无任何共同之处，那么这个唯一的使两组事例有差异的情况，就是该现象的结果或原因，或原因的一个必要部分。（4）从任何现象减去那种由于以前的归纳而得知为某些先行条件的结果的部分，于是，现象的剩余部分就是其余先行条件的结果。（5）凡是每当另一现象以某种特殊方式发生变化时，以任一方式发生变化的现象，就是另一现象的一个原因或一个结果，或者是由于某种因果事实。穆勒的学说更多地触及法律视线中的因果关系，特别是为侵权责任法中的充分条件之必要因素说提供了哲学基础。

（二）侵权法上的因果关系

1. 侵权法上的因果关系的含义

哲学上的因果关系是事实上的、经验上的、逻辑上的，是终极意义上的因果关系；而法律上的因果关系是规范性的、有选择的，是为了归责而设置的。因此，法律上的因果关系不能被哲学上的因果关系所代替。在侵权责任的构成要件上，不管采取三要件说还是四要件说，均承认因果关系是侵权责任的不可或缺的构成要件。

对侵权责任上因果关系进行界定显得非常困难，正如我国台湾地区学者曾世雄所言："因果关系概以万物之事理为其内容，涵盖之事物当然广泛，如欲理出头绪并作合理之规范，事实上甚为困难。因致各国成文法典未见给予因果关系定义之规范。"[1] 学理上，台湾地区学者郑玉波认为：

[1] 曾世雄：《损害赔偿法研究》，中国政法大学出版社2001年版，第95页。

“因果关系，乃加害行为与损害之间，有前因后果牵连是也。”❶ 曾世雄界定为：“因果关系，指原因与结果间之关系。从原因言，乃某一原因引起某一结果之关系；从结果上看，乃某一结果因某一原因所造成之关系。”❷《瑞士侵权责任法（草案）》对因果关系的表述是：“仅就可归责于某人的事实通过在法律上相关的因果联系与损害形成关联这一程度而言，他将负赔偿责任。”可见，因果关系不是一个单纯的自然现象，而必须是“在法律上相关”。❸ 因此，由于因果关系的复杂性，对其进行法律界定非常困难，只能通过对因果关系的内容、范围和认定方式的研究来丰富因果关系的内涵。

2. 侵权法上因果关系的功能及特点

法律上的因果关系与哲学上的因果关系具有内在的一致性，但法律上的因果关系，是指明确或者蕴含地规定在法律当中，由司法者经过法律的价值评判和选择，最终将案件定量定性的因果关系。与哲学上的因果关系相比，法律上的因果关系具有主观性，既体现了立法者的价值判断，也体现了裁判者在具体实施过程中的价值权衡。

法律上的因果关系的功能有二：其一，归责的功能。在单一原因、单一结果的情况下，责任的归属较为明确，但在多个原因的情况下，必须选择法律上承认的原因行为的实施者去承担责任。即只有在行为与结果之间具有因果关系时，才构成侵权责任。其二，维护行为自由限制责任扩张的功能。“作为为理性所支配的法律，它不可能要求一个行为不谨慎的人对他人因其行为所产生的一切损害，即一切该他人若非因行为人是过失即无

---

❶ 郑玉波：《民法债编总论》，三民书局 1993 年版，第 156 页。

❷ 曾世雄：《损害赔偿法研究》，中国政法大学出版社 2001 年版，第 97 页。

❸ ［荷］J. 施皮尔主编，易继明等译：《侵权法的统一因果关系》，法律出版社 2009 年版，第 145～146 页。

须容忍的损害，承担赔偿责任”，[1] 即在维护行为自由和规则之间找到必要的平衡，即因果关系决定了损害赔偿的范围。

与哲学上的因果关系相比，侵权责任中的因果关系具有以下特点：首先，哲学上因果关系的考察是为了将造成结果的诸多前提从事物的普遍联系中抽离出来，其目的在于帮助人们争取认识世界，因此它具有普遍性和抽象性，是一种事实判断；而法学上的因果关系考察的方向是从结果出发寻找与之相关的各种因素，从而决定责任的归属和承担，这个过程虽然以事实判断为基础，但最终是一种法律的价值判断。其次，侵权责任中判断因果关系的主要目的是归责和控制责任范围，因果关系的链条不能无限延长，而是截取因果关系链条上的特定环节，因此，在因果关系的判断上附加主观因素。最后，哲学上考察因果关系的目的在于探究事物的客观真相，因此，哲学上的因果关系越真实就越接近客观世界，越符合人们认识客观世界的需要；但侵权法上判断因果关系需要当事人提供证据进行证明，由于无法复制事件的原貌，法官需要借助特定的规则进行认定，以求尽量接近事件的真相，而其达到的往往仅是“法律上的真实”，在特定情形下，还会适用推定的方法来认定因果关系。

二、侵权法上因果关系学说

（一）大陆法系因果关系学说

1. 条件说

条件说是大陆法系较为古老的学说，其以哲学上的因果关系为基础。根据条件说，只要在逻辑上属于结果产生的必要条件，就是结果产生的原因，即“无此行为，则不必产生损害，则行为与损害之间即可肯定具有因果关系；若无此行为，损害仍会发生，则行为与损害之间无因果关系”。依据条件说，一个损害行为与其所引起的一切损害后果之间均具有因果关

[1] ［德］克雷斯蒂安·冯·巴尔著，张新宝译：《欧洲比较侵权行为法（下卷）》，法律出版社2001年版，第1页。

系，因此对所有的损害后果都要承担法律责任，并且所有的原因都具有同等的原因力，其作用没有大小之别。条件说完全借助哲学逻辑学中的方法解决法律问题，忽视了法律判断中的政策因素和价值判断因素，致使因果关系链条过长。

2. 原因说

针对条件说无限延长因果关系链条的缺点，原因说则将与损害后果有关联的所有因素区分为“原因”（Cause）和“条件”（Condition）。只有“原因”与结果存在因果关系，“条件”与结果不存在因果关系。区分“原因”与“条件”的因素包括其与损害结果在时间、空间上距离以及对损害的作用程度等。与结果事实有重要或者决定性意义的先前行为，是该结果发生的“原因”，而其他不重要的先前行为仅是单纯“条件”。原因说在限制损害赔偿的范围上具有积极的意义，但是，在判断因果关系时，原因说没有考虑法规目的、立法意图、社会政策、过错等多种因素。而且，“原因”与“条件”的区分非常困难，即使能区分，也不能简单地将条件排除在原因之外。[1]

3. 相当因果关系说

相当因果关系说发端于19世纪80年代，由德国富莱堡大学生理学家冯·克里斯首创，最初适用于刑法理论，之后被引用侵权行为法中。相当因果关系说建立在概率学的理论之上，认为事物之间的因果关系是客观存在，独立于人们的意志之外，并不以人的意志为转移。但人们对客观因果关系的认知则受到知识水平和认知能力、事物复杂性，以及信息占有量的限制，从而不能完全认识事物之间的因果关系。因此，人们对因果关系的判断只能在现有的认知条件和信息状况下，对因果关系作出一个大致的判断。依据德国法院的阐述，所谓相当因果关系，是“行为在一般情形之

[1] 王利明：《侵权行为法研究（上卷）》，中国人民大学出版社2004年版，第415页。

下，也就是说，并非在特殊，几乎难能一有，而依一般事理之常所不计入之情况下始足以导发损害者，行为与损害之间为有相当因果关系”。❶ 我国台湾地区在理论和实务中均贯彻相当因果关系，对相当因果关系的界定是：“无此行为，虽不必生此损害，有此行为，通常即足生此种损害者，是为有因果关系。无此行为，必不生此种损害，有此行为，通常亦不生此种损害者，即无因果关系。”❷ 即某一事实仅于现实情形发生某一结果，尚不能认为有因果关系，依据人类经验与事件发生的通常过程，若某条件具有引起某项结果发生的倾向，该条件即为结果发生的相当性原因。是否具备相当因果关系，必须符合以下三个条件：（1）该事件为损害发生所不可欠缺的条件。（2）该事件实际上增加了损害发生的客观可能性。换言之，极大地增加损害发生可能性的必要条件就是损害结果的原因，行为人应对由此而造成的损害结果承担侵权责任。（3）损害发生之因果历程无须其他异常独立之原因介入，亦即事件之因果历程必须符合一般事件正常发展过程。由此可见，相当因果关系并非事实上因果律之问题，而是对行为人公平分配责任之判断标准，具有法律政策判断的色彩。根据相当因果关系说，首先应判断结果发生之条件，是否为损害发生之不可欠缺的条件（条件关系之判断），亦即在认定确实具有事实上因果关系后，再判断相当因果关系存在与否（相当性之判断）。在相当因果关系的判断中，经常以因果过程中介入异常独立原因，作为免除被告责任的论据。❸

因此，王泽鉴认为，相当因果关系实际上包含“条件关系”和“相当性”两项内容。“第一个阶段是审究其条件上的因果关系；如为肯定，再于第二个阶段认定其条件的相当性。”❹ 对条件关系的认定类似于英美

---

❶ 曾世雄：《损害赔偿法原理》，中国政法大学出版社 2001 年版，第 98 页。

❷ 王伯歧：《民法摘编总论》，第 77 页。转引自王泽鉴：《侵权行为法》，中国政法大学出版社 2001 年版，第 191 页。

❸ 陈聪富：《因果关系与损害赔偿》，北京大学出版社 2006 年版，第 9 页。

❹ 王泽鉴：《侵权行为法》，中国政法大学出版社 2001 年版，第 191 页。

法系事实因果关系的认定，but－for 规则和各种情形的类型化规则兼并采用。相当因果关系说之重点，“在于注重行为人之不法行为介入社会之既存状态，并对现存之危险程度有所增加或改变。亦即行为人增加受害人既存状态之危险，或行为人使受害人暴露于与原本危险不相同之危险状态，行为人之行为即构成结果发生之相当性原因”❶。相当因果关系理论与必然因果关系不同，它更多的是分析损害事实发生的一般可能性，而非导致损害发生的必然性，只要行为人的行为对损害结果构成了适当条件，行为人就应承担相应的责任。因此可以将相当因果关系理论解释为无此行为，不会产生此种后果；有此行为，一般会产生此种后果。

4. 法规目的说

法规目的说兴起于 20 世纪 30 年代，为德国学者拉贝尔创立。法规目的说认为，侵权损害赔偿问题本是法律问题，无须借助烦琐的因果关系理论，再者因果关系问题本身复杂，认定标准不一，以此认定侵权损害赔偿问题徒增无益。法规目的说认为“行为人对于行为引发的损害是否应承担赔偿责任，非探究行为与损害间有无因果关系，因探究相关之法规（或契约）之意义与目的”。❷ 法规目的说摒弃关于因果关系的任何标准，直接依据法规目的来衡量行为与损害之间的关系，依照法规目的说，因侵权行为所发生的赔偿责任的确定，应该探究侵权行为法的目的和意义，特别是应该探究侵权行为法所意图保护何种利益。

5. 危险范围说

该学说认为，社会生活中每个人都要承受一定的危险，任何人形成危险且危险与损害间有因果关系，行为人就应当对其行为带来的损害承担责任。危险范围任务行为与损害后果之间的因果关系在于：当行为人开启或维持某种危险，使他人的人身与财产置于不合理的危险状态时，对于由此

---

❶ 陈聪富：《因果关系与损害赔偿》，北京大学出版社 2006 年版，第 8 页。

❷ 曾世雄：《损害赔偿法原理》，中国政法大学出版社 2001 年版，第 113 页。

造成的损害后果，该行为人的行为与之有因果关系。行为人所造成的危险是否具有合理性，应当考察该种风险是否为法律和道德所容忍。

6. 高度盖然性因果关系说

高度盖然性因果关系理论具体包括：（1）形式上仍然由原告受害者负担因果关系存在的举证责任；（2）受害人表示出“相当程度的盖然性”的证明即可；（3）实质上的证明责任，由受害人转换为加害人承担，只要被告不能证明不存在因果关系，就应该认定存在因果关系。❶

7. 疫学因果关系说

疫学因果关系是采取疫学因果关系认识方法研究法律中因果关系的学说。疫学是研究疾病的流行、群体发病原因及特征，依据预防对策的医学分科学科。疫学的因果关系的特征是，某因子与疾病之间的关系，即使不能从医学、药理学进行详细的证明，但通过统计和观察，认定其间具有高度的盖然性时，就可以肯定存在因果关系的理论。疫学因果关系说主要针对公害案件所提出，在德国和日本的理论和司法中被应用。

（二）英美法系侵权法上因果关系学说

1. 因果关系上的二分法

英美法系将因果关系区分为事实上的因果关系和法律上的因果关系。事实上的因果关系即哲学上的因果关系，法律上的因果关系是在事实上的因果关系的基础上，依据法律的价值观念、公平正义的法律政策确定哪种原因是法律上的原因或最近原因。

事实上的因果关系和法律上的因果关系是英美法系判断因果关系的两个阶段，只有先确定了事实上的因果关系，才能进一步判断行为人的行为是否属于损害结果的原因，行为人是否应当承担相应的法律责任。

❶ 罗丽：《中日环境侵权民事责任比较研究》，吉林大学出版社2004年版，第191页。

2. 事实因果关系的判断

事实上的因果关系是指原告的损害结果客观上是被告的行为引起的，强调因果关系的客观性。认定事实因果关系遵循以下法则。

（1）若无原则（But－For－Test）。若无原则的规则是“若无被告之行为（作为或者不作为），则损害不会发生，该行为始为损害之原因。反之，若无被告之行为，损害仍会发生，则被告之行为非损害之原因”。其本质是要求原因必须是结果的必要条件。运用“but－for”规则主要有排除法和替换法，排除法一般运用于作为方式的过失侵权，即将侵权行为排除后看原告是否依然还有损害，以作因果关系的认定；而替换法一般运用于不作为方式的过失侵权，即将被告的不作为方式替换为作为方式，看原告是否还有损害，以作因果关系的认定。

（2）重要因素原则（Material Element or Substantial Factor Rule）。重要因素法则也称实质因素法则，是对“but　for　test”的补充，其主要适用于多因一果的场合，在多个行为人的在先行为共同导致损害结果产生的情况下，“but－for－test”就可能成为一个错误的规则。重要因素法则不要求过失行为是损失结果的必要条件，只要是重要的因素就具备因果关系。英美侵权法对于“重要因素”并无明确的界定，有人认为所谓“重要因素”，系指“基于所有其他因素考量，被告行为对于结果之发生居于重要的部分（an appreciable part）”。[1]

（3）有关事实原因的特殊问题。第一，减少机会原则（Loss of Chance）。减少机会原则是指被告的行为降低了原告获取利益的几率。减少机会原则主要适用于医疗纠纷诉讼。由于在医疗纠纷中，患者的损害往往并不是医师的医疗行为直接造成的，而是基于生病的前提，但是由于医师的过失行为导致病人治愈率降低。病人可以基于机会丧失，要求医师对于丧失的那部分机会予以补救。

[1] 赵西巨：《医事法研究》，法律出版社2008年版，第307页。

第二，企业和市场份额原则（Market Share Liability）。主要适用在产品责任中，在受害人受到产品伤害时，但无法证明究竟是哪一个生产者的产品，这个时候法院就会适用企业和市场份额责任原则，要求在同一时期生产该产品的所有生产者承担赔偿责任。市场份额一般指比较重大的份额并且在相关市场上出售，厂商按照各自所占的比例对受害者进行赔偿，除非能够证明造成受害人损伤的产品不是其所生产。

3. 法律上因果关系的判断

英美法第二层次的因果关系称做法律上的因果关系，用于限制被告对其行为承担法律责任的范围。

（1）直接原因规则。其基本含义是：只要被告的行为是原告损害的直接原因，或者原告的损害是被告行为的直接后果，被告就要承担原告的损害的赔偿责任，而不管这种损害结果有没有可预见性。在英美法中，判断直接原因和间接原因的界限并不十分明确，比较一致的观点是在行为与结果之间如果没有第三方因素的介入且阻断，则原告行为与被告的损害后果之间就存在直接因果关系，即使原告行为与被告损害后果之间有第三方因素的介入，但假如第三方因素的产生与作用包含在先前行为中，是被告先前行为的发展，则被告的行为仍然是原告损害的直接原因。因此，英美法中认为判断只有在第三方因素是第三者的“自由”行为或者继起事件具有“反常”性质时才能打破被告行为与原告损害之间的直接因果关系。

（2）可预见性规则。其基本含义是：侵权行为人仅对自己行为时能够预见到的损害承担赔偿责任，那些行为时不能预见的损害则不在赔偿范围之内。如何判断行为后果的可预见性？对于预见的标准，英美法则采纳“理性人”标准。即依一般社会经验和智力，一个理性人在当时情况下能否预见到特定损害的发生，而不是以行为人的个人标准，除非该行为人是具有特定知识或职业的人，如医师、药剂师，或特殊情由的人，如精神病患者。不过，可预见性规则经历了从严格到相对宽松的过程，就美国司法实践而言，其适用可预见性规则具有如下特征：①原告必须属于被告加害行为范围以内的可预见的受害群体之中；②被告虽不必预见到加害行为发生的确切方式或具体细节，但损害结果的大概外延应当是可预见的；③如果损害的性质严重而采取的预防措施成本较低，被告对此损害哪怕具有非常小的预见可能性，那么被告对损害也要承担责任；④人身伤害案件中，脆薄头骨规则具有适用空间；⑤被告不必预见到损害的完整范围或严重程度，只要实际损害与其预见的损害是同种类，被告就无法免责。❶

（三）对两大法系因果关系学说的总结

英美法和大陆法的本质区别是法律思维的不同，大陆法遵守的是从具体中概括出抽象，依照抽象规则再处理具体案件的思维方式，因此大陆法以概念和规则为法律的基本构成，从而形成法典化的成文法体系，并追求体系的完美无缺性。在法律推理形式和方法上，采取演绎法，即法律只能由代议制的立法机关制定，法官只能运用既定的法律判案，从现存的法律规定中找到适用的法律条款，将其与事实相联系，推论出必然的结果。英美法系则以判例法为主要的法律渊源，在法律的思维方式和运作方式上，英美法系则采取的是区别技术（Distinguishing Technique）：（1）运用归纳方法对前例中的法律事实进行归纳；（2）运用归纳方法对待判案例的法律事实进行归纳；（3）将两个案例中的法律事实划分为实质性事实和非实质性事实；（4）运用比较的方法分析两个案例中的实质性事实是否相同或相似；（5）找出前例中所包含的规则或原则；（6）如果两个案例中的实质性要件相同或相似，则根据遵循先例的原则，前例中包含的规则或原则可以适用于待判案例。学者精辟总结为："在大陆，就制度进行抽象思维；而在英美则进行具体的个案思维，即就'权利与义务'关系的一种思维。前者长期以来存在体现完美无缺性的观念；而后者则对于一切简单的概括抱有深刻的怀疑。前者用概念进行推理活动，常常带着危险蹋

❶ ［美］文森特·R. 约翰逊著，赵秀文等译：《美国侵权法》，中国人民大学出版社2004年版，第127页。

踽独行；而后者则进行形象化的直观，如此等等。”❶

尽管两大法系在存在上述区别，当代二者的区别却渐渐趋于缓和，大陆法系逐渐认可法律事务的持续判例是一种独特的法源；英美法系也逐渐开始对法律原则进行系统的诠释和概括，并被各级法院所引用。在侵权行为因果关系的实践中，英美法系和大陆法系不仅并非完全相异，而且二者之间甚至存在一定的共同点。如上所述，英美法系采取因果关系二分法，将因果关系区分为事实上的因果关系和法律上的因果关系。大陆法系虽然未明确指明因果关系采取二分法，但无论是相当因果关系说，还是法规目的说、危险范围说等都是在通常的因果关系的基础之上，进行法律的价值判断和政策考量，其在操作规范上，与英美法异曲同工。王泽鉴先生认为，相当因果关系的结构可以划分为“条件关系”和“相当性”两个阶段，而条件关系的判断方式是“若无，则不”（but－for）规则。❷ 其机理与英美法系事实上因果关系的判断极为相近。相当因果关系则不仅是一种“技术性的因果关系，更是一种法律政策的工具”，“旨在合理地移转或分散因侵权行为而生的损害”。❸ 而且相当因果关系中对“相当性”的判断，主要体现为被告的行为是否增加了损害发生的可能性，以及是否存在导致因果关系中断的异常独立原因。“相当性”的核心理念是“事物通常的发展过程”，如果按照侵权行为的发展过程，损害时不可避免的或者损害的可能性大大增强，就具备侵权行为和损害后果之间的“相当性”，其与英美法系的“可预见”规则也具有几乎相同的原理。

三、我国侵权法上因果关系

（一）必然因果关系说

我国民法理论受到苏联民法的长期影响，在侵权法的因果关系上也

---

❶ ［德］K. 茨威格特、H. 克茨著，潘汉典、米健、高鸿钧等译：《比较法总论》，贵州人民出版社1992年版，第133页。

❷ 王泽鉴：《侵权行为法》，中国政法大学出版社2001年版，第191页。

❸ 同上书，第192页。

长期沿用从苏联引进的必然因果关系说。在司法实践中，根据相关因素在损害结果发生中的作用不同，把引发损失的因素区分为根本原因和非根本原因。根本原因又称为内因，非根本原因又称为外因。内因是决定事物发展的实质性原因，它与结果的联系是本质的、内在的、必然的联系；而外因是非实质性原因，它与结果之间的关系是非本质的、外在的和偶然的联系。必然因果关系理论认为法律中的原因仅指内因，而不包括外因。

必然因果关系说是马克思主义哲学上的因果关系理论，是将哲学中的因果关系直接引入法律领域，没有考量法律中因果关系在归责上的特殊功能，并将被认定为外因的因素排除在因果关系链条之外，限制了民事赔偿主体的范围。另外，必然因果关系说，强调必须证明原因行为与结果之间的必然、根本的联系，否定“偶然性的因果关系”，常常导致不公正的结论，例如在行为人的行为导致特殊体质的他人的伤害的场合下，行为人的行为与他人的损害之间就不存在必然因果关系。

（二）对必然因果关系说的修正

随着理论和司法实践的发展，必然因果关系越来越遭到质疑，相继又产生了其他的理论。

1. 主要原因说

该学说认为，在确定侵权责任判断因果关系时，应当区分主要原因和次要原因。主要原因是引起损害结果发生的决定性因素，次要原因对损害结果的发生只是一个次要因素，不起决定作用。主要原因构成侵权责任中的因果关系，而次要原因不构成。

2. 直接原因说

此种学说认为，认定因果关系应当注意区分直接因果关系和间接因果关系，不能简单地认为行为人对间接因果关系概负全责或者概不负责。直接原因是指必然引起某种损害结果的原因，间接原因是指通常不会引起特

定的损害后果，但由于其他原因的介入造成该特定损害的原因。❶

3. 全面综合说

该说认为，在确定侵权责任的有无和大小时，不能单凭因果关系的有无，而必须与其他三个要件，特别是过错的有无结合起来综合考量。并认为，没有因果关系不一定不负责，有了因果关系不一定要负责。责任的大小不决定于原因的主要和次要，而是主要地决定于过错的大小和主次。❷

（三）对国外因果关系理论的借鉴

借鉴英美法系因果关系中的事实因果关系认定中的“若无原则”和“重要因素原则”，力图摆脱过于抽象的哲学因果论，构建具有操作性的因果关系判断规则，同时吸收大陆法系的相当因果关系理论，因果关系认定不再是一味追求损害发生的必然性，而是更注意分析损害发生的一般可能性。

总体而言，我国侵权法上的因果关系理论长期受哲学上因果关系的影响，既缺乏法律上因果关系不可或缺的价值判断过程，也缺乏操作性强的具体规则，应当合理借鉴两大法系的成熟理论。首先，根据条件结果关系判断是否具有因果关系，同时采纳实质因素说、可预见性规则对法律上的因果关系进行限定；其次，充分认识到法律政策对因果关系判断的重要意义，衡量不同法益之间的位阶关系，合理处理如产品责任、环境污染、医疗侵权等特殊侵权责任的因果关系认定。

四、医疗侵权因果关系认定规则

（一）医疗侵权因果关系的特征

医疗侵权因果关系，是指医方的医疗行为与患者的损害后果之间的引起与被引起的关系。与一般的损害责任因果关系相比，医疗损害因果关系

❶ 王利明主编：《民法》，中国人民大学出版社2000年版，第548页。

❷ 李仁玉：《比较侵权行为法》，北京大学出版社1996年版，第117页。

具有如下特征。

1. 事实上因果关系认定的技术性——医学上因果关系的认定

如果患者在接受医疗行为之后发生损害结果，患者很难直接证明医疗行为与损害后果之间具有因果关系。因为医疗行为具有高度的专业性和技术性，而且手术等医疗行为还具有密闭性，且医疗事故往往发生在患者体内，何况医学尚有许多未解之谜，其复杂性使得普通人依据一般的经验法则很难准确认识特定医疗行为与特定损害结果之间是否具有因果关系，而疾病的发生和发展具有不可预料和难以控制的特征，患者损害的发生也有可能是疾病的自然转归或者患者特殊体质的影响。因此，在医疗损害事实关系的认定上，医学因果关系的认定是最基础的事实认定，在实践中往往通过医学专家鉴定来完成。判定医学因果关系必须以自然因果关系的一般原理为指导，以医学的知识和经验为基础，涉及医学的诸多领域。但是，由于医学技术的局限性和人类认识能力的局限性，某些情形下，医学专家也无法判断特定的医疗行为与患者损害之间是否存在因果关系，甚至不同专家在因果关系是否存在的判断上存在相反意见，在这种情况下，就不得不借助法律上因果关系的判断。

2. 混合原因下因果关系认定的复杂性

医疗损害因果关系的类型也较为多样化，除了一因一果的因果关系类型外，还包括连锁因果关系、递进因果关系、异步因果关系、助成因果关系等。[1] 在多样化的因果关系类型中，有时患者的诊治过程往往伴随多个医护人员的介入，尤其在转诊治疗的过程中，患者的诊治过程还伴随多个医疗机构的介入，而患者的损害后果可能是在特定医疗环节发生的，也可能是多个医疗环节合力造成的；有时患者的损害是医疗过错行为与其他意外伤害事故竞合造成的，如因交通事故受伤后又遇医疗过错。上述情形都

---

[1] 余湛、冯伟："论医疗损害侵权责任中的因果关系"，载《中南大学学报（社会科学版）》2006 年第 6 期。

使得医疗损害因果关系认定更加复杂。医疗侵权中的混合原因往往发生在以下情形：（1）医疗过失行为结合。包括同一医疗机构的数个医疗过失行为的复合，以及不同医疗机构（转诊）的数个医疗过失的结合。（2）他人过失行为与医疗过失结合。典型的如交通事故与医疗过失行为的结合。（3）患者因素与医疗过失结合。例如患者的特异体质、患者的过失与医疗过失的结合。

3. 特殊的医疗损害类型对于因果关系理论的挑战

医疗损害因果关系的认定与过错和损失之间存在密切的联系，与一般侵权责任相比，医方的过失行为既包括作为，又包括不作为；患者的损害既包括财产的损失和健康和生命利益的减损，还包括期待利益和存活和治愈机会的丧失。医疗责任损害既包括过错责任又包括无过错责任，例如在疫苗接种致害责任、医院内感染责任和医疗产品责任的情形下，因果关系的认定都体现出独特的规则。

（二）医疗损害因果关系认定中的政策性考量

医疗损害因果关系的特殊性，使得在该领域因果关系的适用和证明具有特殊性，总体上体现出对原告举证责任的缓和与举证责任的降低。正如学者所言，“追究民事责任中的因果关系的最终目的，是为了判断如何将受害人的损害在受害者人与加害人之间合理分配，期间不可避免地带有法对各种因素的价值取向判断，所以不应当完全等同于严密的自然科学的因果法则”。[1] 医疗过失案件的政策性考量是，“医师从事之行为系属社会上重大需要之行为，与枪支之拥有仅供娱乐活动，不可同日而语。医师必须将一再变迁、具有实验性，且无法完全掌握之科学理论，应用于人类。鼓励此类医师冒险，具有社会上之重大利益。且判定医疗过失，系属专业知识，难以如同枪击事件般，易于认定不法行为，因而当原告无法就医师不

[1] 夏芸：《医疗事故赔偿法——来自日本法的启示》，法律出版社2007年版，第197页。

法行为提出具有说服力之证据时，医师经常得以免责。”[1]

（三）医疗侵权事实上因果关系的认定

1. 必要条件规则的适用

医学是高风险、高技术的专业领域，其尚处于经验科学阶段，还存在很多不确定的因素。对患者而言，事实上因果关系的证明难度更高。“but－for”规则是判断事实上因果关系是否存在的重要规则，在医疗损害因果关系的判断中仍然适用。在出现患者损害和医师过错的情形下，证明如果没有医师的过错行为，损害结果就不会发生，医师的过错行为一般情形下均会导致患者此类损害的发生，则医疗过错行为和患者损害之间就具有因果关系。其判断的基本步骤是，首先判断二者之间是否具备条件关系，其次判断医师过错对于患者的损害是否具有相当性，在作为的医疗过错行为的情形下，适用删除法，在不作为的医疗过错的情形下，适用替代法。例如，病人因呕吐而入院急救，医师离岗未及时检查，如果能够证明即使医生及时诊疗，也无法避免病人死亡的后果，则医师离岗行为与病人死亡之间不具有因果关系。

2. 事实自证因果关系的适用

事实自证是英美法系的证据规则，是缓和因果关系证明难度的推定因果关系的证明规则。即让事实本身证明，根据事实的存在而推定因果关系的存在。事实自证发生在以下情形：（1）该事件是一种在没有过失的情况下一般不会发生的事件；（2）其他可能的原因，包括原告与第三人的行为，已经被证据充分排除；（3）所标明的过失是在被告对原告所负义务的范围之内。[2] 在医疗侵权中，假如患者受损的严重性已经足以显示，如果不是出于医生的过失，损害通常不会发生，则受害人只需证明自己主张的事实存在，由法官进行因果关系的推定。推定的基础包括：首先，如

---

[1] Malone，Ruminations on Cause－in－Fact，*Stan*，*L. Rev*，85－86（1956）．转引自陈聪富：《因果关系与损害赔偿》，北京大学出版社2006年版，第46页。

[2] 许传玺：“侵权法事实自证制度研究”，载《法学研究》2003年第4期。

无此行为，通常不会有此后果；其次，不存在其他可能的原因，包括原告或者第三人行为或者其他因素的介入；再次，所发生的医疗损害结果在医疗机构对患者的义务范围内；最后，判断有因果关系的可能性的标准是一般的社会知识、经验。

3. 表现证明因果关系

德国法中并没有针对医疗侵权进行特别立法，而是适用《德国民法典》关于过错侵权的一般规定。为了解决患者举证的困难，德国医疗诉讼实务中采取表现证明原则，此项原则适用于认定医疗瑕疵与病人损害之间的因果关系，也用来认定医师或医院之过失。❶表现证明，也称表见证明，是由德国判例发展起来的学说，一般而言，在生活经验上，若 A 存在则 B 通常存在的情形下，推认 B 存在的证明方式就是表见证明。❷如果某事实存在，并且其沿着一定的方向发展即所谓的“定型化的事象经过”（Typische Geschehensabläufe）的话，就可以从这种定型化中推认存在一定的原因事实。表见证明的适用范围，主要是过失和因果关系。❸比如，若在手术部位遗留手术的器械或者纱布，就可以认定医生的过失以及行为与损害结果之间的因果关系。

4. 事实因果关系的推定

在经验法则和医学鉴定无法明确判断医疗行为和患者损害之间是否具备因果关系时，事实因果关系的认定显得非常困难。显而易见，患者和医方具有医学专业知识上的不对等，要求患者证明损害与医疗行为之间的因果关系有时往往很难，例如由于年代久远，患者要证明损失与药物之间的

---

❶ 朱柏松等：《医疗过失举证责任之比较》，华中科技大学出版社 2010 年版，第 45 页。

❷ ［日］藤原弘道：“大致推定与表见证明”，见《民事诉讼法的争点》，有斐阁 1988 年新版，第 245 页。

❸ 曾培芳、段文波：“德国表见证明理论在医疗诉讼证明责任分配中的运用”，载《政治与法律》2007 年第 4 期。

因果关系非常困难。在其他的涉及手术的医疗诉讼中，由于手术具有密闭性，医疗损害发生在患者体内，医学尚有许多未能解开的谜团，医学知识和技术本身的局限性和发展性等原因，让原告证明医疗损害如何发生非常困难甚至是不可能的，因此必须借助其他的判断方法。因果关系推定适用以下更加具体的归责。

（1）盖然性因果关系规则。盖然性因果关系是日本学者德本镇教授在研究德国法中，针对矿业损害事件诉讼而提出的一种见解。其基本内容是：第一，事实因果关系的举证责任在形式上仍然由原告负担；第二，原告对事实因果关系证明程度只需达到“相当程度的盖然性”即可，而被告必须对“事实因果关系不存在”提出证明，其证明程度必须达到“高度盖然性”，否则法庭就可以认定事实因果关系成立，这一处理实际使事实因果关系的证明责任从原告方转换到被告方；第三，所谓“相当程度的盖然性”，是指“超过了‘疏于明确’的程度，但未达到证明程度的立证”。[1]

（2）流行病因果关系规则。流行病因果关系也称疫学因果关系，是用医学中流行病学的原理来推定因果关系的理论。最初主要针对公害案件诉讼和药物受害案件诉讼。疫学因果关系的基本方法是，当以下四个条件充足时，认定诉讼中请求的某因素与流行病发生之间存在事实因果关系：第一，该因素在某流行病发生的一定期间前就已经存在。第二，该因素的作用使该流行病的罹患率显著增高。第三，当去除该因素时，该流行病的罹患率下降，或者在不存在该因素的人群中该流行病的罹患率非常低，即该因素的作用的程度越高，相应地患该病的罹患率就越高。换言之，该因素作用提高，病患就增多或病情加重；该因素作用降低，病患随之减少或降低。第四，生物学已经对该因素作为该流行病发病原因的发病机制作出

[1] 夏芸：《医疗事故赔偿法——来自日本法的启示》，法律出版社2007年版，第181页。

了明确的说明。[1]

（3）概率认定因果关系规则。概率认定因果关系说认为，在个别人或者少数人主张受到公害或者药害致病请求损害赔偿的诉讼中，由于不是大量人群集体发病，原告根本无法提出能够证明自己的疾病与公害或者药害的致病因素之间具有“高度盖然性”的科学数据。但是，如果根据疫学因果关系验证的危险相对发生概率方法，能够证明公害或者药害的加害因素与受害人的疾病的发生具有一定概率的因果关系，则可以考虑只限于这种特定情况下放弃传统的事实因果关系判断的高度盖然性的标准，认定加害因素与受害人的疾病发生之间存在事实因果关系，并且在计算损害额时考虑因果关系的概率。

5. 特异体质、诱因参与致损的因果关系认定

医学上的特异体质分为过敏体质和变态反应。特异体质是指患者对于医疗行为发生非预期的异常反应的体质状态，如疤痕体质、过敏体质等。前者是指患者体表伤口愈合中出现超出常人的大量疤痕，从而影响容貌。后者是指患者对某种药物特别敏感，从而出现过敏症状等不良反应，例如患者属于过敏体质，因为注射青霉素而死亡。

医学上根据各种致病因素对发病的影响程度，将致病因素分为基本病因和诱因，其中，基本病因是对发病起决定性作用的病因，诱因是指能诱发和促进基本病因发作的内外部因素。例如慢性心功能不全的基本病因有引起心脏负荷加重和心肌发生病变的各种病因（如高血压、三尖瓣狭窄或肺气肿、各心瓣膜关闭不全、心肌炎等），其诱因可有下列几种情况：（1）各种感染；（2）过重的体力劳动和情绪激动；（3）严重的心律失常；（4）妊娠与分娩；（5）严重贫血或大出血；（6）输液过量或过快、摄入钠盐过多等。[2]

---

[1] 夏芸：《医疗事故赔偿法——来自日本法的启示》，法律出版社2007年版，第203页。

[2] 黄华清：“医疗事故‘因’与‘果’”，载《医药经济报》2013年2月8日。

（1）“蛋壳脑袋规则”所提供的基本法律政策。因特异体质而加重损害结果的因果关系在理论中称为“超越因果”关系，不管是大陆法系还是英美法系，总体上认为特异体质并不切断因果关系。其中英美法系的“蛋壳脑袋规则”最具有典型意义，依据“蛋壳脑袋规则”，“伤害了健康状况本就不佳的人不能要求他在假设受害者是健康时的法律处境”。“倘若被告敲击了脑壳如蛋壳般薄的人，则即使他不可能知道受害人的这一敏感性也必须为此损害承担赔偿责任。”❶ 其基本的法律政策理由是：“盖身体上具有缺陷或异常疾病之被害人应如同一般健康正常人受到法律相同之保障，不可因为被害人具有血友病或精神异常，而剥夺其与他人正常交往之权利。且对于人类健康与生命应给予最大保障，在损害发生时，应使加害人负担赔偿责任，而非要求受害人对于因其特异保障残障人士享有与正常人一样参与社会交往的权利。”❷

（2）是否具有过错是认定因果关系的首要因素。如果医生并未实施具有过错的医疗行为，而是严格依照医疗规范进行操作，那么医生行为并非损害形成链条上的因素，患者损害仅与特异体质存在联系，自然无所谓民事责任的问题。例如，根据我国的医疗常规，对患者进行青霉素输液治疗时，必须事先询问是否具有过敏史，并在输液前进行同批号的青霉素皮肤过敏试验，试验呈阴性的患者才可以进行青霉素输液。假如患者在医方履行前述程序，在用经过皮试的青霉素输液治疗几天之后出现眼部肿胀、出血症状，则纯属患者的“特异特质”的结果，应当视为患者的自担风险，此种情形属于医疗意外。

如果医生的过错行为与患者的特异体质或诱因结合导致损害的产生，则适用“蛋壳脑袋规则”。例如，2007 年 5 月 27 日下午 6 时许，原告的女儿扬 × ×突发疾病入某县人民医院门诊急诊室，但该急诊室无值班医

---

❶ ［德］克里斯蒂安·冯·巴尔著，焦美华译：《欧洲比较侵权行为法（下卷）》，法律出版社 2004 年版，第 555 页。

❷ 陈聪富：《因果关系与损害赔偿》，北京大学出版社 2006 年版，第 57 页。

生，1 小时后，医院才为扬××输氧、打点滴。8 时许，扬××心跳明显加快，10 时许，扬××心跳越来越快，医生在原告的要求下为扬××做心电图后，才告诉原告女儿的病情很危险。11 时 30 分，扬××的病情进一步恶化，而医院并没有采取进一步的治疗措施。之后，医生又说扬××无法治疗，并要求原告转院。在转院过程中，由于医院的救护车油料不足，随车氧气不够，扬××的病情突变。2007 年 5 月 28 日凌晨 3 时 10 分，扬××死亡。为此，原告将该医院诉至法院，请求依法判处医院赔偿原告相应的经济损失。该病历经九江市医学会认定：原告女儿扬××所患的是暴发性心肌炎，该病起病急骤，病死率高，且目前又无特效治疗方法，扬××本身患此类危急病，是造成其死亡的主要原因，故不属于医疗事故。但是，医院急诊室建制及流程不完全，在作出暴发性心肌炎诊断可能后，又未能采取较完全的综合性治疗，且对转院过程中可能出现的严重后果，又未完全尽到告知义务，在这次急救过程中存在多处严重过错，❶应该认定患者死亡与医疗过错行为之间存在一定的因果关系。

（3）损害是否具有可预见性。损害是否具有可预见性是区分医疗侵权和意外事件的关键。人体具有复杂性和特异性，而医学又具有局限性，如果无视上述特征而简单地对待和处理特异体质致害问题，显然无助于医学的发展。因此，本书认为，对待特异体质和潜在疾病下医疗损害因果关系的认定，还应当考量损害是否具有可预见性。例如，青霉素过敏体质是常见的一种异常体质，是应当能够预见的致害因素，但如果青霉素皮试呈阴性，按常规剂量注射，仍然发生了过敏性休克，系因病人特殊的过敏体质所引起，并且医方难以预料，应当属于意外事件。对此产生的损害后果，医方不负担责任，从而否定医疗行为与损害后果之间的因果关系。例如，2004 年上半年，王某感到身体不适，来到嘉定区某地段医院治疗，

❶ 上官晨南："一般医疗过错行为的法律适用问题探讨"，载中国法院网，2008 年 12 月 5 日访问。

医生诊断后开了硝苯地平片给其服用。服药后的第二天，王某就出现药物过敏反应，但医生告知这属于正常反应。于是，王某继续服用该药片，但是过敏反应越来越严重，王某浑身出现皮疹，先前就诊的医院对此束手无策，建议王某到其他医院就诊。可是王某多方求医，病情始终不见好转，几个月后，王某完全丧失劳动能力，最终因病情加重死亡。经鉴定，医院的医疗行为符合诊疗常规，不构成医疗事故，王某真正的死因在于所服用的药片硝苯地平片，该药物可引起过敏反应，王某服用后出现亚急性肝坏死的重型肝炎，并由此发展为慢性重型肝炎，最后导致死亡。而这种临床病例十分罕见，只发生在体质特殊的患者身上，恰恰王某就是一个体质特殊者，因此这是一起医疗意外。医院在王某出现皮疹后，未给予足够的重视及时停药，系认知上的不足，非导致其死亡的直接原因。❶

（4）原因参与度与损害赔偿范围的确定。在特殊体质参与下形成损害的医疗责任中，医方的医疗过错行为和患者的特殊体质共同导致损害的发生，如上所述，在符合过错要件、排除不可预见性之后，医方应当对于患者的损失承担赔偿责任。但是，如果由医方承担全部责任则不符合侵权损失责任的本旨。例如，周某因右上腹持续疼痛到被告处就诊，后经治疗出院，此后，周某在自家阳台突然倒地昏迷，送到被告处因医护人员疏忽延迟诊疗，检查时已临床死亡。医学鉴定表明，周某死亡乃是因自身病变引起的，医院的延误治疗只是其中原因之一，因此医院就其诊疗过程中存在的医疗过错承担相应责任，70% 比较适宜。❷

除了上述因果关系认定上的特殊规则，在如机会丧失医疗侵权、侵害患者知情同意权医疗等特殊侵权中，因果关系的认定还有更加特殊的规则，本书对此予以专章研究。

---

❶ http：//news. sina. com. cn/s/2007 -03 -20.

❷ “甘其元等与津市市人民医院医疗损害赔偿纠纷再审案（〔2011〕常民再字第12 号”），转引自余芮：“医疗侵权案件因果关系的认定”，载《学理论》2013 年第9 期。

第三节 医疗损害

在侵权责任的构成要件中，损害是不可或缺的组成部分，罗马法谚谓："没有责任就没有法律，有损害即有赔偿。"侵权责任法的救济功能正是对于受害人的损害进行补偿。具体而言，无论采取哪种侵权责任构成模式，"损害"都是不可或缺的构成要件，甚至在侵权责任构成要件的成立顺序上，损害也位列"过错"之前。另外，在赔偿范围的限制上，损害也扮演着举足轻重的角色。而且，"损害"范畴的不断演变也引导着侵权行为法的发展，从某种角度而言，侵权责任法的发展就是"损害"的内涵和外延不断深化的过程。

一、损害的概念

"损害"本身是一个通常用语，在社会生活中，人们会遭受形形色色的"损害"：或者是有形的损害，或者是无形的损害，或者是财产的损失，或者是精神的痛苦，或者是客观的损害，或者是主观的损害……但并非所有的"损害"都会受到法律的调整。进入法律视野的"损害"是因他人行为造成的，并会在当事人之间产生损害赔偿的法律关系；而未受到法律调整的"损害"则不会受到赔偿，其仅为事实上的损害。"损害这个概念依赖于对它加以规定的法律制度，作为系统化的标准有一个最大的方便：它使得我们能够将侵权行为法与无因管理和不当得利法区别开来。"❶但是法律上的损害究竟具有怎样的内涵，并没有非常确定的答案。

（一）罗马法中的损害概念

在罗马法中，侵权行为的类型主要是对物私犯。对物私犯是侵犯他人的财物的行为，早期的罗马法仅对常见的或者比较严重的侵犯他人财物的

❶ ［德］克里斯蒂安·冯·巴尔著，张新宝译：《欧洲比较侵权行为法（下）》，法律出版社2001年版，第2页。

行为进行惩处，例如《十二铜表法》中，“除了规定对奴隶折断其骨外，只列举了烧毁他人房屋或谷摊、在他人土地上放牧以及砍伐他人树木等几种对物侵犯行为”。可见，《十二铜表法》中规定的侵权行为和损害的类型极为有限，并且集中在财产损失领域。

《阿奎利亚法》则拓展了损害的类型，该法关于损害的类型包括：(1) 某些有体物的全部灭失，如杀死他人的奴隶、牧群中的牲畜；(2) 某些无体物的全部丧失，如副债权人未经主债权人同意而擅自免除债务人给付的，应赔偿主债权人因此而遭受的损失；(3) 其他物件的灭失或者任何财物的毁损，如伤害他人的奴隶或牲畜。与《十二铜表法》相比，《阿奎利亚法》拓展了“损害”范围，将无体物的损失也纳入损害的范围。但其在损害的认定上仍然十分狭窄，存在以下的局限性：第一，认为损害须标的物本身受损，否则即使所有人受到损失也不能请求赔偿。如释放他人的奴隶使之逃亡，丢弃他人的金币于海中，由于该奴隶和金币并未受损，故行为人无须承担责任。第二，损害还必须是行为人积极的行为所造成，消极行为所造成的损害并不为法律所承认。第三，损害之成立，“须行为人与标的物之间有直接的接触，包括使用工具的接触。因此，用棍棒打死他人的奴隶要赔偿，但用棍棒追逐他人的奴隶致使其跌入悬崖而死，或哄引狗去咬伤奴隶，就均不属于侵害的范围”。[1]

对《阿奎利亚法》中“损害”概念的拓展是大法官通过程式诉讼的形式突破的。罗马法程式诉讼是与法律诉讼并行的诉讼程序，程式诉讼实际上为法官造法提供了机制，“在程式诉讼中，执法官可以通过对‘程式’(formula) 的创设、调整或灵活运用赋予当事人以新的诉权、拒绝维护某些已经不合适时宜的诉权，或者以较大的自由裁量权处理某些在实践中新出现的问题或关系”。[2] 由于《阿奎利亚法》“损害”类型有限，大

---

[1] 周枏：《罗马法原理》，商务印书馆1994年版，第860~861页。

[2] 黄风：《罗马私法导论》，中国政法大学出版社2003年版，第50页。

法官可以根据现实需要通过程式诉讼对“损害”进行扩大解释。当然通过类似法官行使自由裁量权的方式在也存在一定的弊端，如在针对一个侵权行为造成多种损害的情形下，必须通过启动多个程式诉讼模式，而每个程式诉讼都必须证明特定损害、过错和因果关系，而在如间接损失等，证明过错则是非常困难的，因此，程式诉讼在“损害”范畴扩大中的作用也大打折扣。

（二）大陆法系关于“损害”的各种学说

1. 利益说（差额说）

德国学者毛姆森（Mommsen）于1885年首倡“利益说”。利益说的核心观点是：损害即被害人对该特定损害事故之利害关系。易言之，即被害人因特定损害事故所损害之利益。该项利益，乃被害人之总财产状况，于有损害事故之发生与无损害事故下所生之差额。❶ 因此，利益说也被称做“差额说”。我国台湾地区学者曾世雄认为“利益说”具有以下三个特点：(1) 损害被认为是被害人利益的减损，“以被害人总财产之变动来衡量损害之是否存在及其大小；损害之观念与外在具体之破坏无关”。❷ 因而在衡量损害是否存在以及损害赔偿的范围都以发生损害事故发生前后之财产总额之间的差额为准。即以被害人损害事故发生后之财产总额与假设损害事故不发生之条件下被害人应有之财产总额之间的差额为依据。(2) 利益具有强烈的主观性。根据“利益说”，是否具有利益以及利益的范围以财产对于被害人的主观价值为主，而并非以财产的客观价值为依据。例如，某甲有一只狗，估价价值为200元。某乙甚喜爱该狗，有意购之。某乙遂许以10倍价钱要约购买，此时某甲对该狗之利害关系，亦即某甲对该狗之利益，乃2 000元而非200元。❸ 但是，利益说的主观色彩过于浓厚，而且将损害的实质界定为总体财产上差额的大小，忽视具体的

---

❶ 曾世雄：《损害赔偿法原理》，中国政法大学出版社2001年版，第119页。

❷ 同上书，第120页。

❸ 曾世雄：《损害赔偿法原理》，中国政法大学出版社2001年版，第119页。

人身或财产上的损害，与人们的通常观念相悖。另外，根据利益说的原理，在损害范围的认定上，采取将所有财产相加再确定其差额的计算方法，既烦琐，又缺乏操作性。

2. 组织说（客观损害论）

“组织说”则是德国学者针对“利益说”的缺陷而提出的，尤其针对“利益说”的主观性和计算的复杂性。例如，针对“利益说”的主观性，奥特曼在1901年出版的《请求损害赔偿时之损益相抵》一书中，指出损害是真实的存在，是法律主体因其财产之构成成分被剥夺或毁损或其身体受伤害，所受之不利益。[1]之后，德国学者诺伊勒、维尔伯格、埃瑟尔、拉伦茨、默革等人发展了客观性的损害理论。虽然他们之间的观点存在差异，但均认为因特定物体毁损所生之损害为损害概念中的一个构成成分，该成分具有观念上之独立性，即损害是由客观损害之成分及其他整体财产上所受损害之成分组织而成，对客观损害应当作客观估计，并应当在任何情况下都依据它的客观价值获得填补。组织说一定程度上弥补了利益说的缺陷，但其自身仍然有很多不足之处，例如，分裂了损害的概念，对具体损害依客观标准衡量，而对整体损害则依主观标准；以及规定的当事人的自由选择权与损害的赔偿制度中的完全赔偿原则和损益相抵原则不相符合。[2]

3. 规范说

规范说也是德国法的产物，它也并非单一的学说理论，而是包括“法律地位保护说”和“事实状态比较说”。“法律地位保护说”是由美国的德国籍教授施泰因多夫（Steindorff）所提出的，认为“损害”必须依据“被侵害的法律地位的种类或其保护的必要性”而予以区别。也就是说，损害是对于法律地位的侵害，亦即以权利侵害作为损害赔偿的依据。而对

[1] 同上书，第124页。

[2] 同上书，第129页。

于侵害事故所造成的价值减损问题，不再是损害概念考虑的范围。❶“事实状态比较说”，由德国学者措伊纳（Zeuner）提出，他认为损害是两个状态的差异比较，而非金钱计算上的差额。依据事实状态比较说，所谓的损害，是假设损害事故不发生的假定的事实状态，与损害事故发生后的事实状态之间的差异。❷

虽然法律地位保护说与事实状态比较说在具体内容上有所区别，但是在损害界定上，二者的要旨大致相同：（1）损害是一个规范的概念，认定损害并非一个单纯的事实认定问题，也并非一个简单的数字上的计算问题，而是一个规范评价的问题。（2）损害赔偿的目的不仅限于填补损害、弥补损失，而且更多的在于权利和利益的保护。因此，只要受害人受保护的权利或者利益地位受到侵害或因损害事故产生了利益状态的差异，原则上就构成损害，至于差额是否存在，则在所不问。（3）损害概念的界定并不限于财产上的损害，因此为非财产上损害的请求赔偿提供了理论基础。❸

4. 事实说

“事实说”由日本东京大学平井宜雄教授提出。该说认为，损害是受害人所主张的、其本人所蒙受的不利益的事实。损害是法官裁判的基础，而金钱赔偿只是裁判后的归结而已，通过金钱赔偿所表明的损害是法官对受害人不利益事实的一种认定，其中已经包含法官自由裁量的因素。因此，作为法律事实的损害与作为赔偿范围的损害具有明显的区别，前者属于事实认定应研究的范畴，后者则属于法律判断应研究的范畴，二者在民事诉讼过程中属于不同层次、不同性质的问题。❹“事实说”在否定了差额说机械的算定损害的做法的基础上，将损害的存在与否与损害的计算分

---

❶ 陈聪富：《侵权违法性与损害赔偿》，元照出版社2008年版，第180～181页。

❷ 同上书，第183页。

❸ 汪志刚：“论民法上损害概念的形成视角”，载《法学杂志》2008年第5期。

❹ ［日］平井宜雄：《债法各论》，日本弘文堂1992年版，第75页。转引自宁金城、田土城：“民法上之损害研究”，载《中国法学》2002年第2期。

别交由受害人一方和法官予以认定，这符合日常的思维模式。

（三）我国侵权法理论中的损害概念

我国《民法通则》和《侵权责任法》中对于损害均未作出界定，《侵权责任法》第2条规定："侵害民事权益，应当依照本法承担侵权责任。"其回避了对损害的界定，而是以行为的违法性对损害进行概括。我国法学理论中对于损害的界定有如下几种：（1）认为损害是行为人基于有过错的不法行为所致的不利后果，在此情况下，损害是构成侵权行为的充分必要条件；[1]（2）从当事人参与的民事法律关系的角度理解，认为损害是行为人对民法所保护的法律关系或民法保护的合法权益的正常状态破坏的结果；[2]（3）认为损害是侵权行为或违反义务的行为造成的不利益后果；[3]（4）从侵权行为法所保护的对象出发，认为损害是指一定的行为或事件使某人受侵权行为法保护的权利或利益遭受某种不利益的事实状态。[4]

本书认为，"规范说"更为准确地界定了"损害"本质，事实说揭示了"损害"在责任认定和损害赔偿两个阶段的不同样态，而"利益说"和"组织说"则有助于判断"损害"的构成。"事实说"则区分"责任构成上的损害"和"责任范围上的损害"。侵权法中的"损害"是一个规范的概念，而不仅仅是一个事实，损害认定是一个规范评价的过程，对损害的规范评价过程中要考虑法律所保护的权利、利益、价值追求。因此，规范说揭示了"损害"的法律相关性，并且能够扩大侵权法的救济范围，为非财产上的损害赔偿提供法理依据。同时，"损害"最终体现为法律赔偿，涉及具体的赔偿数额，因此，从此角度而言，"损害"有两层含义：其一，权利或利益被侵害之"现象"，乃是从被侵害"客体"（权利或利益）之角度观察，其概念核心在于权益"损害"之事实；其二，指权利

---

[1] 江平、王家福：《民商法大辞典》，南京大学出版社1998年版，第708页。

[2] 马俊驹、余延满：《民法原论（下）》，法律出版社1998年版，第1027页。

[3] 张新宝：《中国侵权行为法》，中国社会科学出版社1998年版，第92页。

[4] 王利明等：《民法侵权行为法》，中国人民大学出版社1993年版，第362页。

或利益被侵害后所生之“效果”或“结果”。[1] 因此，本书认为，侵权法上的“损害”是指受害人的民事权利或受法律保护的利益受到加害人的不法侵害，而遭受到的不利益。

二、损害的一般特征

（一）损害是对合法权益的侵害

从外在形态考察，损害可能是有形的，例如有形财产的毁损、经济利润的减少，以及人身伤害；损害也可能是无形的，例如精神的痛苦。但是其是否能够受到侵权责任的调整，则取决于此种损害是否是对法律所保护的权利和利益的侵犯。因此，在考量侵权责任的构成时，往往需要考察侵权行为是否具有违法性，即是否侵犯了法律确认的民事权利或者权益。

（二）损害具有客观性

损害必须具有客观性，是客观存在的物质或者精神的利益减损，而不是原告的主观臆想。而所谓客观性，即根据社会中一般人的认识，此种财产或精神上的利益减损确实存在。有形损害的客观性比较容易认定，而无形损害特别是精神损害是否存在，更加注重对于客观性的要求，例如假设被告的行为程度非常轻微，一般人均不会因此遭受心理上的伤害，假如因原告过度敏感而感到心理遭受创伤，则此种主观损害不是侵权责任法中的“损害”，因为其缺乏客观性。

（三）损害具有应受救济性

依照传统观点，只有权利和法益遭受不利益，且须达到一定程度时，才会具有可补救性，才能被称为损害。[2] 本书认为，只要是法律所认可的权益遭受损失，以及具有客观性的利益损失，均具有可补偿性。因此，可

[1] 陈聪富：《因果关系与损害赔偿》，北京大学出版社2006年版，第178页。

[2] 王利明：《侵权行为法归责原则研究》，中国政法大学出版社1992年版，第139页。

补偿性并非损害的一般特征。只要侵犯了合法权利和利益，就应具备可补偿性。

三、损害的类型

（一）财产损害与非财产损害

以加害行为造成的损害是否具有财产内容，可以分为财产损害和非财产损害。财产损害是指加害人的加害行为造成受害人财产上或人身上发生的一切有形损害，如有形财产的毁损灭失，或者因人身伤亡所产生的救助费用，既包括财产之积极减少，也包括财产之消极不增加。非财产损害是受害人财产之外其他损失。“在1969年在伦敦举行的关于‘对非财产损害的赔偿’的欧洲法论坛上，学者们得出的一个结论是：‘非财产损害’这个术语应当被理解为，不能用金钱来衡量的损害。”[1] 精神损害赔偿是非财产损害的核心内容。从各国立法实践来看，财产损害是侵权损害的赔偿范围，而非财产损害受到一定的限制，往往规定只有法律明确规定的非财产损害才能够赔偿。

（二）直接损害与间接损害（反射性损害）

以侵权行为所造成的损害是否具有直接性，即加害行为是直接作用于受害人造成其损害，还是间接作用第三人，使得第三人受有损害为标准，可将损害划分为对直接受害人的损害与对间接受害人的损害反射性损害。直接损害是指损害是由加害人的行为直接造成的损害；间接损害是指虽然损害不是由于加害人的行为直接造成的，但直接被害人受损失的结果，牵连到第三人，使第三人因此所受到的损害。如债务人遭车祸，债权人之债权因之而变为无着落。直接损害毫无疑问会受到赔偿，而间接损害能否得到赔偿取决于法律的具体规定。

（三）客观损害与主观损害

客观损害是指某特定损害事故在一般情形下所造成的损害，确认客观

---

[1] 王利明：《侵权行为法研究（上卷）》，中国人民大学出版社2004年版，第360页。

损害，只需要考虑损害的普通因素，而将赔偿权利人自身特殊环境或者特殊因素而造成的损害排除，因此客观损害的范围不因赔偿权利人的不同而有所区别。主观损害是指某一特定的加害行为或者事件对赔偿权利人的具体财产或人身造成的损害。衡量主观损害时，一般应考虑赔偿权利人所处的特殊环境，也就是说，凡因该特定的环境所产生的损害均应包括在内。

四、医疗损害的概念及特点

（一）医疗损害的概念

我国《侵权责任法》第7章规范医疗侵权责任，但是对于医疗损害并未界定。《医疗事故处理条例》第2条规定："医疗事故，是指医疗机构及其医务人员在医疗活动中，违反医疗卫生管理法律、行政法规、部门规章和诊疗护理规范、常规，过失造成患者人身损害的事故。"其仅限于患者人身方面的损害，因此外延不够周全。

与普通民事损害相比，医疗损害是发生在医患双方之间的侵权责任，是指在"患者在接受医疗服务过程所遭受到的不利益的事实"。❶医护人员因为医疗过错行为而对患者造成的利益减损，主要表现为患者的死亡、残疾、身体损伤及健康状况的恶化，以及由此而给患者及其亲属带来的精神上的伤害，还包括对患者的隐私权和名誉权的侵害。在规范说的框架之下，医疗损害是医护人员因为医疗过错侵犯患者权利而产生的不利后果。

（二）医疗损害的特点

（1）医疗损害的侵权主体是医疗机构以及医务人员（包括医生、护士），非医护人员行为对于患者所造成的损害不属于医疗损害，而应按照一般损害对待。

（2）医疗损害的对象是患者，患者既是医疗行为的受益人，又是医疗侵权的受害人。

（3）由于侵袭性医疗行为所造成的损害不属于侵权损害的赔偿范围。

❶ 宋旭明："论'医疗损害'的界定"，载《时代法学》2006年第3期。

例如手术、穿刺等侵袭性医疗行为可能对机体具有侵入性和损害后果，对患者的身体完整性或者生理功能造成一定的损害，是医疗行为所生之负面结果。但是由于患者的同意以及损害的不可避免性，这类损害不受法律救济。

五、医疗损害的范围

（一）非财产损害

从权益受损的角度观察，非财产损失主要是指医疗行为对于人格权的损害。具体而言，包括对于生命权的损害、身体权的损害、健康权的损害以及隐私权的损害和精神损害。

1. 对生命权的损害

生命权是以自然人的性命维持和安全利益为内容的人格权。在医疗侵权中，对患者生命权的损害就表现为医疗过错行为导致患者的死亡。在患者罹患重大疾病的情形下，有时往往伴随死亡的后果，如果其中医疗行为具有相应过错，死亡就是医疗行为的后果。

2. 对健康权的侵害

健康权是自然人以其器官及整体的功能利益为内容的人格权，它的客体是人体器官及系统，乃至身心整体的安全运作，以及功能的正常发挥。医疗行为具有治病救人的基本属性，但有过失的医疗行为也会损害患者健康权。在医疗侵权中，对健康权的侵犯表现为两种情况：第一种是本应治愈的疾病没有治愈；第二种是因为某个生理部位的损害影响了患者的正常生理功能。

3. 对身体权的侵害

身体权以自然人的身体及其利益为客体，表现为对自己身体组织部分的肢体、器官和其他组织的支配权。在医患关系中，对患者身体权的侵害主要表现为：未经患者或其家属同意，将患者的组织器官移植给他人，任意扩大手术范围或者切除组织器官；没有死者遗嘱或者家属同意，摘除死者眼角膜或者内脏等器官；医生在切除肿瘤时切错位置等。

4. 对隐私权的侵害

隐私权是人权观念发展的结果，是现代社会自然人享有的私人生活安宁和私人信息秘密依法受到保护并不受侵犯的权利。在医患关系中，患者有时需要向医生披露隐私信息或者暴露身体隐私部位，如果医生不正确处理各种情形，则有可能侵犯患者的隐私权。医疗行为对患者隐私权的侵害一般而言应具备以下构成要件："一是存在诊断错误，即在诊断过程中对患者进行误诊，将其诊断成某些可能造成其名誉权损害的疾病；二是未履行诸如《性病防治管理办法》等法律中规定的保守秘密的义务而使他人知晓了受害者'患'有此病；三是该病为易引起对受害人的社会评价减损的疾病。"❶

5. 对名誉权的损害

名誉权是一个自然人所应享有的人格权利，它不同于生命权、健康权等物质性人格，而属于精神性人格权的范畴。对自然人名誉权的损害结果通常表现为对当事人社会评价的降低，往往给当事人带来精神上的损害。《最高人民法院关于审理名誉权案件若干问题的解释》中明确规定，医疗单位的工作人员擅自公开患者有淋病、梅毒、麻风病、艾滋病等病情，致使患者名誉受到损害的，应当认定为侵犯患者名誉权。

6. 精神损害

在医疗纠纷中，患者常常因为身体上的伤害而伴随精神上的痛苦，因此，精神损害也是医疗损害的种类之一。在医疗行为侵犯患者生命权、健康权、身体权、隐私权和名誉权的同时，往往给患者及其亲属带来巨大的精神痛苦。可以说，精神损害是伴随医疗行为对非财产权益侵害所致的损害。另外，在侵犯患者知情同意权的情形，直接的医疗行为并无疏漏，且患者的生命权、健康权、身体权以及隐私权和名誉权均未受损的情况下，甚至医疗效果具有正面意义的情形下，也有可能对患者造成精神损害。

---

❶ 屈芥民：《专家民事责任论》，湖南人民出版社 1998 年版，第 119 ~ 120 页。

（二）财产损害

关于医疗损害的范围，在我国法律中经过一个渐变的过程，在《医疗事故处理办法》中，医疗事故“是指在诊疗护理工作中，因医护人员诊疗护理过失，直接造成病员死亡、残疾、组织器官损伤导致功能障碍”。可见，仅将医疗损害限定为人身损害，在《医疗事故处理条例》中，医疗事故“是指医疗机构及其医务人员在医疗活动中，违反医疗卫生管理法规、行政法规、部门规章和诊疗护理规范、常规、过失造成患者人身损害的事故”。《侵权责任法》第54条规定：“患者在诊疗活动中受到损害，医疗机构及其医务人员有过错的，由医疗机构承担赔偿责任。”这已经不限于人身损害，将财产损害也纳入医疗损害赔偿的范围之内。其体现了医疗损害概念的一般化发展趋势。

财产损害是因为医疗过错行为给患者带来的财产上的利益减损，例如，由于过错医疗行为给患者造成人身损害后，给患者及其亲属带来的额外的经济支出即是财产损失，在根据《医疗事故处理条例》第50条的规定，医疗损害对患者及其近亲属的财产损害主要表现为，医疗费、误工费、住院伙食补助费、陪护费、残疾生活补助费、残疾用具费、丧葬费、被扶养人生活费、交通费、住宿费等。另外，《侵权责任法》第63条对过度医疗行为予以规范，因过度医疗行为而额外支出的费用也是一种财产损失。

（三）机会损害

“机会损害”属于广义上的财产损害的范畴，是“损害”概念和范围逐渐扩展的结果。罹患绝症或者其他治愈率较低的疾病患者，因为医师的过失诊疗行为，致使其治愈机会或者生存时间减少时，此种机会损害逐渐为各国司法所认可。

第六章 医疗侵权的免责事由

第一节 一般侵权责任的免责事由

侵权行为法的主要功能在于平衡行为自由和权益保护之间的关系。因此，侵权责任法不仅要从受害者的角度规范侵权责任的构成、损害赔偿等问题，而且要从加害人的角度规定责任的减轻和免除。免责事由是认定是否承担侵权责任的重要组成部分。

一、侵权责任免责事由的概念和特征

（一）免责事由、抗辩事由、违法性阻却之概念辨析

免责事由，减轻和免除责任的事由，是指因其存在而使得侵权责任不成立的法律事实。在我国侵权法理论中，多有“抗辩事由”之谓，并有学者认为二者性质一致。❶ 笔者认为，二者属于不同的概念。抗辩事由“是指被告针对原告的诉讼请求而提出的证明原告的诉讼请求不成立或者完全不成立的事实”。❷从比较法的角度观察，英美法中有抗辩事由之谓，是对诉讼实践的归纳和总结，因此，抗辩事由是从诉讼的角度出发的，在诉讼中，被告可以抗辩的情形很多，有超过诉讼时效的抗辩、责任不成立的抗辩等。而免责事由是在承认损害存在的前提下，从侵权责任成立的角度进行的抗辩。因此，抗辩事由的范围要比免责条款的范围更加广泛，它既包括抗辩权的行使，也包括各种事实抗辩，如债的关系是否成立、是否有效、损害是否成立等，当然也可以主张基于免责事由的抗辩，因此，免

---

❶❷ 杨立新：《侵权法论（下册）》，吉林人民出版社2000年版，第235页。

责事由是抗辩事由的一种类型。从形式上观察，免责事由通常由法律作出明确的列举，而抗辩事由则无法通过列举的方式予以规定。

许多学者使用“违法性阻却”的概念。“违法性阻却”为德国法系所采用，与德国法对于侵权责任的构成的认识密切关联。德国法对“过错”的概念采取主观说，认为过错是行为人的某种心理状态，违法是客观的行为或者结果，从而将过错与违法完全区分开来，并分别作为侵权责任的构成要件。“违法性阻却”的功能在于排除符合构成要件的行为的违法性，从而否定侵权责任的构成，排除损害赔偿责任的承担。笔者认为，从性质和功能上，“违法性阻却”和免责事由具有同一性。

我国《侵权责任法》第三章以“不承担责任和减轻责任的情形”对免责事由予以规定。

（二）免责事由的特征

（1）免责事由是侵权责任领域的特定概念，其功能是免除或者减轻责任，是判定是否承担侵权责任的最后一个环节，在符合责任构成要件的前提下，免责事由可以终局性排除责任的承担。

（2）免责事由具有法定性。免责事由均在各国的侵权法中明确予以列举，且只有法律中列举的情形，才能援引以抗辩责任的承担。不同于违约责任可以通过免责条款予以排除，侵权责任中的免责事由不允许约定，只能由法律作出明确的规定。

（3）免责事由具有客观性。免责事由必须是客观发生的、实际发生的、已经发生的，而不是当事人主观臆想的。

二、免责事由的类型

（一）正当理由与外来原因

正当理由是指损害的确系被告的行为所致，但被告的行为是正当的、合法的，包括依法执行职务、正当防卫、紧急避险、受害人承诺和自助。外来原因是指损害并不是被告的行为造成的，而是被告之外的原因造成的，包括故意、第三人过错、不可抗力。从侵权责任构成要素的角度分析，正当理由表明被告行为不具有违法性，也即被告并没有过错，因此被告无须对此承担责任。而外来原因则表明被告的行为与损害之间不存在因果关系，因此不具备侵权责任的构成要件。❶

（二）一般免责事由和特殊免责事由

一般免责事由是指损害确系被告的行为所致，但其行为是正当的、合法的。例如，正当防卫、紧急避险、职务授权行为、自助行为，等等。特别免责事由是指损害并不是被告的行为造成的，而是由一个外在其行为的原因独立造成的，如意外事件、不可抗力、受害人过错和第三人过错等。❷

（三）一般侵权行为的免责事由和特殊侵权行为的免责事由

这是本书所采取的一种分类，一般侵权行为的免责事由适用于所有类型侵权责任的免责事由，而特殊免责事由则是针对特殊侵权责任才适用的免责事由。例如，产品责任的特殊免责事由有：（1）不当使用，即消费者违反产品的特定用途、目的、操作方法、不按产品说明使用保管产品的，由消费者自行承担责任；（2）消费者明知产品有缺陷而购买、使用的。

三、免责事由的具体形态

（一）过失相抵

受害人具有过错是过失相抵适用的前提，适用过失相抵的基本规则就是比较受害人过错和侵权人过错大小，从而确定各自应当承担的责任范围。适用过失相抵的条件是：（1）受害人的行为是损害发生或者扩大的共同原因。损害结果的发生，必须是由于被侵权人的行为与侵权人的行为共同造成的，而损害结果的扩大，可以是双方共同造成的，也可以是被侵

---

❶ 王利明：《侵权责任法归责原则研究》，中国政法大学出版社 2004 年版，第 575 ~ 576 页。

❷ 杨立新：《侵权行为法论（上册）》，吉林人民出版社 2000 年版，第 237 页。

权人的行为单独造成的。(2) 被受害人的行为须不当。“不当”和“违法”是两个概念，“不当”不一定“违法”。例如，对于损害的发生未能尽到减少损害的义务即为“不当”。

（二）受害人故意

受害人故意是指明知自己的行为会发生损害自己利益的结果，而希望或者放任这种结果的发生。与过失相抵不同的是，在受害人故意的情形下，加害人没有过错，损害后果是受害人主动追求的，加害人的行为只不过沦为受害人的工具。

（三）第三人过错

第三人过错是指损害结果是受害人和加害人之外的第三人，对受害人损害的发生和扩大具有过错，包括第三人直接造成损害、第三人和被害人共同造成损害两种情形。后一种情形下，第三人和加害人之间不存在法律上应负连带责任的关系（如雇用关系、婚姻关系），也不存在共同过错。

（四）不可抗力

不可抗力是人类所不能抗拒的力量，包括自然原因如地震、台风、洪水、海啸等，以及社会原因，如战争等。各国对不可抗力的认定标准并不相同。我国侵权法理论中从主、客观两方面的因素界定不可抗力：(1) 不可预见。根据现有的技术水平，一般人对某种事情的发生无法预料。(2) 不能避免并不能克服。表明事件的发生和所造成损害具有必然性，即使当事人尽到最大努力仍然不能克服。(3) 不可抗力是客观情况，具有外在于人的自然属性。❶ 传统法律在不可抗力之外还认可意外事件，现代侵权理论多认为二者之间并没有实质的区别，是两个近义词。❷

（五）正当防卫

刑法意义上的正当防卫是指当公共利益、他人或本人的人身或者其他

❶ 杨立新：《侵权行为法论（上册）》，吉林人民出版社2000年版，第253页。

❷ 张民安：《过错侵权责任制度研究》，中国政法大学出版社2002年版，第712页。

权益遭受不法侵害时，行为人所采取的防卫措施。侵权责任法中的正当防卫和刑法中的正当防卫基本相同，指民事主体的法益遭受现实的侵害或者威胁，迫使其采取必要的防卫措施以保护自己受法律保护的合法权益。[1]正当防卫的构成要件是：（1）具有侵害行为。（2）侵害的违法性。正当防卫的对象，必须是不法侵害，对执行职务“侵害行为”不能进行防卫。（3）防卫不能超过必要的限度。正当防卫应当具备必要性和合理性。所谓必要性，是指自卫或者防卫行为仅以达到制止不法侵害之防卫目的为已足。所谓合理性，是指防卫或者自卫行为所造成的损害与所欲防止的损害，应大体相当。[2]

（六）紧急避险

紧急避险是指为了社会公共利益、自身或者他人的合法权益免受更大的损害，在不得已的情况下而采取的造成他人少量损失的紧急措施。[3]紧急避险的适用条件包括：（1）危险正在发生，并威胁着公共利益、本人或者他人的利益；（2）采取避险措施须为不得已；（3）避险行为不得超过必要的限度。紧急避险行为所造成的损害要小于需要保护的权益，而且要求避险的强度以最小的损害维护最大的权益。避险行为与正当防卫相比，紧急避险的危险来源多样化，而正当防卫的危险来源只是不法侵害人的非法侵害。我国《侵权责任法》规定紧急避险的行为人对损害不承当责任，造成由引起险情发生的人承担责任，如果危险是由自然原因引起的，紧急避险人不承担责任或者给予适当补偿。我国台湾地区“民法”对此有更精细化的规定，值得借鉴，台湾“民法典”第150条第（2）项规定：“前项情形，其危险之发生，如行为人有责任，应负赔偿之责。”根据学者的解释，此时避险行为人并非因为紧急避险承担责任，即不以“紧急避险人”的身份承担责任，而是因为对危险负有责任承担责任，即

[1] 朱岩：《侵权责任法通论（下）》，法律出版社2011年版，第482页。

[2] 梁慧星：《民法总论》，法律出版社1996年版，第269页。

[3] 杨立新：《侵权法论（上）》，吉林人民出版社2000年版，第242页。

以“对危险负有责任者”的身份承担责任。

（七）依法执行职务

依法执行职务是免责事由的一种，是指依照法律的授权及有关规定，在必要时行使职权，损害他人的财产和人身的行为。❶ 适用依法执行职务免责须具备以下要件：（1）具有合法授权，即行为人实施的行为属于职权行为，未经授权的行为或者超越授权的行为均不可以作为免责事由；（2）依照合法的程序和方式执行职务；（3）执行职务行为的必要性。我国《侵权责任法》中没有规定依法执行职务的免责事由，但实践中是可以此作为免责事由的。

（八）自助行为

自助行为是指权利人为保护自己的权利，在情事紧迫而又不能及时请求国家机关予以救助的情况下，对他人的财产或自由施加扣押、拘束或者其他相应措施，而为法律或社会公德所认可的行为。❷ 适用自助行为作为免责事由应当具备以下要件：（1）必须有在诉讼上可主张的完整请求权。请求权不能已经罹于时效或者不适合强制执行；（2）自助行为只能保护自己的权利，不能保护他人之权利；（3）须不及受法院或其他有关机关援助，即情况紧急来不及请求法院或其他有关机关援助；（4）非于其时为之请求权实现显有困难。❸ 当然自助行为必须在必要的范围之内，例如对于债务人自由的拘束，只有在其有逃亡之嫌时，始被允许。而且，拘束他人自由应立即向有关机关申请援助。对于财产的没收，只能是针对债务人的财产，而不能针对第三人的财产。我国《侵权责任法》中未规定自助行为作为免责事由，但实践中得到认可。

---

❶ 王利明：《侵权行为法研究（上）》，中国人民大学出版社 2004 年版，第 554 页。

❷ 杨立新：《侵权法论（上）》，吉林人民出版社 2000 年版，第 247 页。

❸ 黄立：《民法总则》，中国政法大学出版社 2002 年版，第 529～530 页。

（九）受害人承诺

受害人承诺，也称受害人自担风险，是指受害人自愿进入一个对其权益具有侵害之虞的危险状态，而此种危险或风险导致其遭受损害的，危险引致人不承担责任。[1] 自担风险源自罗马法中的“同意非谓为损害”规则，并为两大法系共同承认。我国《侵权责任法》中虽然没有规定自担风险，但在实践中也被认可。自担风险的适用条件包括：（1）受害人具有相应的处分能力与权限，具备相应的民事行为能力；（2）受害人自愿的意思表示应当遵守一般意思表示的限制，即具备一般意思表示的生效要件；（3）受害人必须承诺侵害自己的权利。一般情况下，这种承诺必须采取明示的方式，受害人以默示所作出的风险自担行为，只能适用于过失侵权，不能适用于故意侵权。[2]

四、我国一般侵权责任中的免责事由及其缺陷

我国《侵权责任法》第三章规定了过失相抵、受害人故意、第三人原因、不可抗力、正当防卫、紧急避险这六种类型的免责事由，缺乏对受害人承诺、自助行为和依法执行职务这三类免责事由的规定。另外，在免责事由适用条件的规定上也比较粗疏，例如对不可抗力、紧急避险的必要限度缺乏明确的规定，在被受害人故意和第三人过错中，没有就主观过错形态、过错程度、过错评价标准予以阐明，这就加大了适用这些条款的难度。

第二节　医疗侵权的免责事由

一、医疗损害免责事由的法律现状

（一）《医疗事故处理条例》规定的免责事由

在《侵权责任法》明确规范医疗侵权责任之前，医疗纠纷适用《医

[1] 朱岩：《侵权责任法通论（下）》，法律出版社2011年版，第502页。

[2] 赵伟：《侵权责任法中免责事由的具体适用》，烟台大学2013年硕士论文，第29页。

疗事故处理条例》，虽然学界对二者之间的关系存在不同的观点，但毋庸置疑，《侵权责任法》关于“医疗损害”的规定是建立在《医疗责任事故处理条例》的继承、摒弃和发展之上的。《医疗事故处理条例》第33条规定医疗事故的免责事由包括：（1）在紧急情况下为抢救垂危患者生命而采取紧急医学措施造成不良后果的；（2）在医疗活动中由于患者病情异常或者患者体质特殊而发生医疗意外的；（3）在现有医学科学技术条件下，发生无法预料或者不能防范的不良后果的；（4）无过错输血感染造成不良后果的；（5）因患方延误诊疗导致不良后果的；（6）因不可抗力造成不良后果的。

（二）《侵权责任法》规定的免责事由

《侵权责任法》第60条规定的免责事由：（1）患者或者其近亲属不配合医疗机构进行符合诊疗规范的诊疗。（2）医务人员在抢救生命垂危的患者等紧急情况下已经尽到合理诊疗义务；（3）限于当时的医疗水平难以诊疗。前款第（1）项情形中，医疗机构及其医务人员也有过错的，应当承担相应的赔偿责任。比较《侵权责任法》和《医疗事故处理条例》关于医疗损害的免责事由，前者之第（1）~（3）项分别继受后者之第（5）项、第（1）项、第（3）项。另外，医疗侵权作为一种特殊的侵权行为，当然适用一般侵权责任的免责事由，因此，《侵权责任法》第三章的免责事由同样适用于医疗侵权，包括被侵权人过错、受害人故意、第三人过错、不可抗力、正当防卫、紧急避险。

总体而言，上述法律中对于医疗侵权的免责事由的规定较为狭窄，缺乏清晰界定和可供操作的标准。

二、医疗侵权的免责事由

（一）患者承诺

患者承诺，是受害人承诺在医疗侵权责任中的具体表现。在患者承诺的情况下，医疗机构不承担侵权责任。医患关系中的患者承诺有两种方式。一种是约定俗成的，即只要当某病人找到某医院或医师看病时，就意味着该病人已向医院作出了“愿意服从该医院所作的任何检查、治疗和遵守医院一切规章制度”的承诺。这种承诺是约定俗成的，即无须另行用口头和书面的方式表示。另一种是必须有特别约定的，一般适用于三种情形：(1) 实施有重大伤害的医疗措施时，例如开胸、开颅、剖腹等手术；(2) 实施有较大危险的医疗措施时，例如麻醉、穿刺、血管造影等；(3) 进行实验性治疗时。在上述三种情形下，患者承诺必须是明示的，医疗机构和医生要尽到告知义务。

(二) 患者不配合

患者不配合是受害人故意在医疗侵权责任中的具体表现，患者不配合而导致出现损害结果的，不能将损害归责于医疗机构，而应当由患者自己承受不利后果，例如患方原因延误诊疗导致不良后果的。

(三) 第三人过错

第三人过错是指除了医疗机构和患者之外的第三人对患者的损害具有过错的，第三人的过错包括故意和过失。而在因为第三人过错导致患者损害的情形中，还需要具体分析医疗机构对于第三人的行为有无过错，例如，医院在患者就医过程中承担一般安全保证义务，《侵权责任法》第37条规定：“宾馆、商场、银行、车站、娱乐场所等公共场所的管理人或者群众性活动的组织者，未尽到安全保障义务，造成他人损害的，应当承担侵权责任。因第三人的行为造成他人损害的，由第三人承担侵权责任；管理人或者组织者未尽到安全保障义务的，承担相应的补充责任。”因此，如果医疗机构未尽到安全保障义务，则还要承担补充责任。

(四) 不可抗力

不可抗力是具有普遍适用的免责条款，因此，虽然《侵权责任法》中没有明确规定不可抗力是医疗侵权的免责事由，但其规定在《侵权责任法》第29条中，具有总则的性质，应当普遍适用于各类侵权责任。

(五) 紧急避险

《侵权责任法》中没有明确规定紧急避险是医疗侵权的免责事由，但其规定在《侵权责任法》第29条中，具有总则的性质，应当普遍适用于各类侵权责任，同样适用于医疗侵权责任。

（六）医疗意外

医疗意外是医疗侵权最具特殊性的免责事由之一。医疗意外一般是指由于患者的体质或病情特殊而造成患者无法预料的损害后果。在医疗意外的情况下，因为损害后果是患者自身体质原因和特殊病种结合在一起而突发的，而医务人员根据当时的情况，对可能产生的患者死亡、残疾或者功能障碍的不良后果根本不可能预料到，医务人员的行为与损害结果间不具有直接的因果关系。因此，医疗意外不属于医疗损害，医疗机构也不承担赔偿责任。我国《侵权责任法》中没有规定医疗意外作为医疗侵权的免责事由，但是在《医疗事故处理条例》有明确规定，在实践中也受到认可。

（七）可容性危险原则

所谓可容性危险原则，是指某种有益于社会的行为在性质上确实含有某种侵害法律权益的危险时，只要该行为的危险性与其有益的目的相比是正当的，那么这种行为就是被容许的。[1] 现代文明社会，存在一些对他人之生命、身体、健康存在危险的活动，例如矿山开采、煤气使用等，这些活动常常伴随相当程度的危险，但是假如不容忍这些危险的存在，社会就无法进步。医学正是这样一种风险活动，它所具有的危险为社会所容忍，为法律所许可。《侵权责任法》所列举的“（2）医务人员在抢救生命垂危的患者等紧急情况下已经尽到合理诊疗义务；（3）限于当时的医疗水平难以诊疗”，就是可容性原则的体现。

---

[1] 张赞宁：“论医疗行为的违法阻却事由”，载《首都医科大学学报（社会科学版）》2008年第6期。

第七章　医疗侵权责任的特殊类型

第一节　医疗侵权责任的类型化

一、类型化方法论概述

（一）类型化的含义

“类型化”是一种重要的社会学方法，但它的含义不易界定。德国法学家卡尔·拉伦茨较为系统地阐述了法学中的类型化。他将类型划分为经验性类型、逻辑的理念类型和规范的理念类型。交易伦理和商业习惯是经验性的经常性类型。逻辑的理念类型虽然来自经验类型，但是其已经“属于思考上的存在”，“经学者塑造出来”，❶ 在实际生活中，可能存在与之相对应的生活类型，也常常没有与之相对应的生活类型。“逻辑类型经由评价被赋予规范上的意义”，❷就成为规范的理念类型，对于法学而言，最具有价值的正是规范的理念类型。

（二）类型化的功能

法学是以伦理原则为主导的内部体系和逻辑体系为主体的外部体系相结合的开放的、价值导向的思考方式。类型化是法律体系化的重要手段，“法律体系的形成以概念为基础，以价值为到导向，其间以归纳或具体化而得之类型或原则为其连接上的纽带”，❸ 类型化作为一种法学方法，具

---

❶❷　黄茂荣：《法学方法与现代民法》，中国政法大学出版社 2001 年版，第 475 页。

❸　同上书，第 472 页。

有如下功能。

1. 连接抽象与具体的桥梁

一般认为，法律的基本构成要素是概念、原则和规则。法律上的概念具有高度的抽象性，并且由于其构成要素的确定性，概念常常具有封闭性。因此，“当抽象——一般概念及其逻辑体系不足以掌握某种社会现象或意义脉络的多样表现形态时，大家首先会想到的补助思考形式是‘类型’”。[1] 法律原则的抽象性毋庸多言，而且大多数情况下其不具有法律适用性。而法律概念的外延越宽，则内涵越少，即抽象概念往往剔除了生活现象的诸多个别特征，这些个别特征对于法的适用而言却非常重要。而类型则是一个具体化的过程。

2. 建立法律规范的方法论工具

类型化的第一步就是依据一定的标准对欲类型化之“抽象事物”具体分类，[2] 其基本的方法就是在实践中寻找事物的共同特征，这既是演绎的过程，也是归纳的过程，依据不同的标准，会有不同的分类。由于类型不要求其内涵与所指称客体的特征完全符合，它尽可能多地保留了事物的个体特征，所以类型较之抽象概念更加接近社会事实，又与具体的、个别的社会现象保持距离。因此，类型是介于概念和原则之间的中间形态，具有相对具体和相对开放的特征。“一方面，它表现为一种精致化的具体思考，另一方面又表现为一种抽象的概括思维。”[3] 抽象的法概念借助类型得以具体化，类型借助类推的方式将事实归属于特定的类型。

---

[1] ［德］卡尔·拉伦茨著，陈爱娥译：《法学方法论》，商务印书馆2005年版，第337页。

[2] 高乐鑫：“法学类型化研究方法的基础问题研究”，载《玉林师范学院学报》2013年第6期。

[3] 杜宇：“再论刑法上之‘类型化’思维——一种基于‘方法论’的扩展性思考”，载《法制与社会发展》2005年第6期。

3. 解释法律规范的工具

类型又是一个演绎的过程，它通过补充抽象概念中的具体特征，使得抽象概念逐渐区别清晰的轮廓，使法律的具体适用成为可能。更为重要的是，类型绝非价值中立的，它蕴含了法的价值选择和判断。类型化将抽象的法律概念具体化，是解释法律规范的工具。

二、医疗侵权责任的类型化

我国侵权责任法采取了一般条款和类型化相结合的立法模式，《侵权责任法》第 2 条和第 6 条第 1 款共同构成侵权责任的一般条款。第 2 条通过规定侵犯民事权利应该依法承担侵权责任，将所有侵害民事权利和权益的行为都认定为侵权行为；第 6 条第 1 款规定了过错责任原则是侵权责任的一般构成要件。《侵权责任法》第七章对医疗侵权责任进行规范，其采取的立法模式也是一般条款和类型化相结合的方式，第 55 条承担一般条款的角色。

学者杨立新对医疗侵权责任作出的类型化分析得到学界的认可，其根据使用归责原则的不同，区分为医疗技术损害责任、医疗伦理损害责任和医疗产品损害责任。

（一）医疗技术损害责任

医疗技术损害责任是指医疗机构及医务人员在医疗活动中，违反医疗技术上的高度注意义务，具有违反当时的医疗水平的技术过失，造成患者人身损害的医疗损害责任。适用过错责任原则，其包括以下类型：（1）诊断过失损害责任；（2）治疗过失损害责任；（3）护理过失损害责任；（4）感染传染损害责任；（5）错误出生损害责任；（6）组织过失损害责任。

（二）医疗伦理损害责任

医疗伦理损害责任是指医疗机构和医务人员违背医疗良知和医疗伦理的要求，具有医疗伦理过失，造成患者人身损害以及其他合法权益的医疗损害责任。适用过错推定责任，其包括以下具体类型：（1）违反资讯告知损害责任；（2）违反知情同意损害责任；（3）违反保密义务损害责任；（4）违反管理规范损害责任。

（三）医疗产品损害责任

医疗产品损害责任是指医疗机构在医疗过程中使用有缺陷的药品、消毒药剂、医疗器械、血液及其制品等医疗产品，因此造成患者人身损害，医疗机构或者医疗产品生产者、销售者应当承担的医疗损害责任。适用无过错责任原则。

笔者认为，上述分类符合类型化研究方法的基本原理，能够反映医疗侵权责任的特点。本书以下部分并不研究所有类别的医疗损害，而是集中研究几种非常特殊的医疗侵权责任。

第二节　错误出生的侵权责任

在大多数情形下，诞下如脑瘫、四肢缺如等先天缺陷的孩子对于父母而言，都是一种精神的痛苦，伴随而来的还有抚养、治疗和护理的巨大支出。随着产检医疗技术的发展，很多先天性疾病可以在胎儿时期就能筛查出来，从而使得父母能够决定婴儿出生与否，因此，如果医院由于过错未能准确排查胎儿先天缺陷，父母基于缺陷婴儿出生所造成的损害似乎也产生了相应的依据，事实上，在英美法系，此类诉讼被称为：Wrongful Birth，即“错误出生”或“不当出生”，毫无疑问，在此种情形下，婴儿的缺陷乃是基于遗传而非医方的过错，因此，此类损害赔偿的权利基础是什么？医院的过错如何认定？适当的原告是父母还是婴儿？损害赔偿的范围包括哪些都是需要探讨的问题。我国相继出现了多起因产检错误出生案例，但缺乏相应的法律规范，因此产生许多争议。

一、错误出生的概念

（一）错误出生的概念

错误出生（Wrongful Birth），是指希望产下健康婴儿的父母，由于医院孕前体检失误（如不能怀孕而被建议怀孕）或医院引产失败，而使残障婴儿诞生；或由于医院过错，未检查出胎儿患有疾病或先天缺陷，而如果检查出来胎儿患有疾病或者缺陷的话，父母将决定堕胎因而在医患双方之间所引发的损害赔偿问题。[1] 与“错误出生”相关的还有“错误怀孕”和“不当生命”。“错误怀孕”是指由于医院或者药商的过错，导致并没有怀孕期望的女性怀孕，或者由于医院的过错引产失败而致使孩子出生，在此种情形下，父母因计划外孩子的出生而产生的额外抚养费向医院或者药商提起损害赔偿之诉。“错误出生”与“错误怀孕”最大的区别在于：前一情形下出生的婴儿具有先天残障，后一情形下出生的则为健康的孩子。错误生命的损害赔偿则是指在错误出生的情形下，由残障婴儿自己作为原告，向医院或药商提出因自身损害的赔偿之诉。

（二）错误出生侵权之诉的特点

（1）错误出生案件的原告方是缺陷婴儿的父母或者婴儿本人，被告方是医疗机构。

（2）错误出生案件中婴儿的缺陷是天生的，例如德国荨麻疹、四肢缺如、唐氏综合征等，其缘于遗传或者先天缺陷，并非医疗机构而导致的。

（3）原告主张的赔偿理由是由于被告医疗机构未能进行适当的产前诊断行为，导致原告无法清晰得知胎儿的先天遗传缺陷，从而丧失及时终止妊娠的机会，因此所遭受的经济及精神上的损失。

二、错误出生诉讼的比较研究

（一）境外状况

英美法系中，基于医生产检过失或者其他过失而出生的有缺陷的子女出生的案件被纳入侵权领域的范围，根据原告的不同，可以划分为“不当出生”（Wrongful Birth）和“不当生命”（Wrongful Life）两种诉讼。“不

---

[1] 张红：“错误出生的损害赔偿责任”，载《法学家》2011年第6期。

当出生”的原告是父母，其所主张的损害是因医生过失导致有缺陷子女的出生给其经济和精神上导致的损害，是指“在医疗专业人员未尽注意能注意的义务时，未发现胎儿的异常，以致未能给父母提供胎儿的正确信息，排除了父母基于正确信息来决定是否生育一个有先天缺陷的小孩的权益，致该父母生下有先天缺陷的小孩，该小孩的父母对医生提起索赔诉讼”。❶而“不当生命”的原告是缺陷子女，其主张赔偿的损害是由于被告的过失使其带有先天缺陷而出生。研究英、美两国案例发现，以“不当生命”起诉的案件往往得到法院的受理，而“不当出生”的请求则遭到普遍的拒绝，因为法院认为，如果支持“不当生命”的诉讼请求，就意味着“要求法院对一个带有先天性疾病的生命出生的价值与从未出生的价值进行权衡，对于法院来说进行这种价值比较是不可能的事情”。❷ 而“不当出生”则在英、美两国都得到法院的支持。以内华达州 Creco v. United States 一案❸为例，原告桑迪（Sandi）怀孕期间，因为医生过失未能查出胎儿罹患先天性疾病，导致有健康缺陷的婴儿出生，而如果医生能正确告知其胎儿缺陷信息，她就可以采取终止妊娠的措施。桑迪以自己的名义提起“不当出生”之诉，同时以孩子约书亚（Joshua）的名义提起“不当生命”之诉。法院依据内华达州的成文法，桑迪有权起诉被告因过失未能告知其胎儿有缺陷的事实，法院认为被告侵犯了原告的堕胎权。法院认为原告必须花费更多的精神、时间与金钱照顾，在过失及因果关系的证明上，法院认为本案系因被告的过失造成残疾小孩的出生，从而造成原告的损害，虽然疾病并非被告造成，但有先天性疾病子女的出生是被告行为所

❶ Thomas A. Burns，“When life is an injury：an economical approach to wrongful life lawsuits.”，*Duke Law Journal.*，February. 2003，p. 809.

❷ 邹玉萍：《产前诊断失误之损害赔偿责任研究》，西南政法大学2008年硕士学位论文，第5~6页。

❸ Melanie A. Kennedy，“CASE NOTE：Medical Malpractice”，*The University of Louisville Brandies Law Journal*，Spring，1995－1996，p. 467.

致，因而被告当然有过失。而对于以患儿约书亚名义提起的“不当生命”之诉，法院并未接受，因为在法院看来，在未出生的生命和带有缺陷的生命之间进行价值衡量，超越了法院的能力。

英国的情况和美国大体相同，也是支持“不当出生”之诉而反对“不当生命”之诉。例如，英国于1976年通过《生而残障民事责任法》，规定“就以其专业能力负责向小孩的父母亲提供治疗或咨询意见中的作为或不作为，被告不对小孩承担任何责任”。❶ 在德国，产检失误而出生的具有缺陷子女的父母往往基于契约关系进行起诉。由于产检医院与生育父母或者父母之间往往存在医疗服务契约，因此，当医院未尽相当注意义务导致未能告知对方胎儿缺陷问题的，视为积极侵害债权，可以追究违约责任。法国法也大致相同。考察上述国家的法律实践，产检失误而引起的损害赔偿之诉均可以得到法院的支持，只不过，以孩子名义的起诉往往得不到支持。

与错误出生相近似的一类案件称为“错误怀孕”（Wrongful Conception），是指由于医疗方的过错，致使避孕或绝育措施失败，使得夫妻生育了他们并不期待的孩子。与错误出生相似，都是因为医方的过错而产生的侵权责任，并且孩子的出生或缺陷并非医疗方直接造成的。二者的区别如下：“错误怀孕”诞生的孩子虽然不是父母期待的，但是健康的；因“错误出生”诞生的孩子虽然是父母期待的，但有先天缺陷的孩子。在过错的内容上，二者也有区别，医疗方在“错误怀孕”中的过错是采取措施不当或者疏于履行告知义务致使母亲孕育了并不想要的孩子，而医方在“错误出生”中的过错则是未诊断出或者未及时告知胎儿的潜在缺陷。以美国为例，是否能够以“错误出生”为由进行起诉并没有统一的意见，其重要的原因在于正常且健康的孩子对于父母而言，究竟是不是属于损失存在争议。

---

❶ ［德］克雷斯蒂安·冯·巴尔著，张新宝译：《欧洲比较侵权行为法（上卷）》，法律出版社2001年版，第707页。

我国台湾地区在错误出生案件中，更多倾向于在“合同法”的框架内解决，并且一般比照委任契约关系处理，较为引人注目的是台湾“士林法院”1995 年度重诉字第 147 号民事判决案。原告朱秀兰因为属于高龄产妇，胎儿罹患唐氏综合征的概率要高于一般孕妇，于是试图通过产前检查避免风险，但被告医院因为过错没有筛查出唐氏综合征，导致患有先天唐氏综合征的男婴出生。原告因此以合同违约的理由起诉被告医院，要求被告赔偿医疗费用、人力照顾费用、特殊教育费用、生活费用。该案历经五审，每一级法院都认定被告具有过失，但在赔偿范围上存在分歧，而台湾“最高法院”的最终判决是被告向原告“赔偿医疗费用、人力照顾费用、特殊教育费用、而不包括一般生活费用”。法院裁判的理由是：即使是残障儿童的出生，对于父母而言，也不能视为损害，而且，对孩子的抚养支出费用是父母的责任所在，不能成为赔偿的费用。由于本案原告提起违约之诉，所有没有精神损害赔偿。而且，法院声称只有在身体、健康、名誉、自由遭受损害时才能有精神损害赔偿。

（二）国内现状

随着我国母婴保健医疗水平的进步和 1995 年《母婴保健法》的问世，基于产检而发生的医疗纠纷也不断增多，法院也多予以受理，但是起诉理由及裁判结果并不一致。从诉讼理由的角度看，有以违约之由起诉的，例如“杜某与宜×市第三人民医院医疗服务合同纠纷上诉案”，[1] 1997 年，涂某在高邮市妇幼保健所做孕期常规检查，检查结果报告一直显示正常，但涂某却生下“左前臂缺如”的女婴。法院审理认定被告在检查时疏忽大意，未仔细观察，因而没有发现婴儿左前臂缺如。被告存在过错，认为被告在履行保健合同义务时，做 B 超检查时未能正确履行合同，应承担违

[1] 刘明玉：“杜某与宜×市第三人民医院医疗服务合同纠纷上诉案”，载 http://www.66law.cn/domainblog/128300.aspx.

约责任。也有以侵权之诉起诉的，例如孙某诉幸福医院侵犯健康生育选择权案、[1] 廖某诉重庆医科大学附属第一医院侵犯生育选择权案。[2] 如我国首例“血友病遗传基因诊断”纠纷中，原告张某之妻樊某是血友病基因携带者，为避免遗传给子女，樊某怀孕后就在被告山西医科大学第一医院做遗传基因鉴定，鉴定结果为正常胎儿，然而孩子在 7 岁时被诊断为重度甲型血友病患者，后张某夫妇以医院侵犯其知情权和优生优育选择权提起侵权诉讼。就诉讼结果而言，对于以父母为原告提出的赔偿请求予以支持，但以患儿名义提起的侵权之诉，法院不予支持。例如在上述廖某诉重庆医科大学附属第一医院侵犯生育选择权案中，对于患儿陈×臻提起的侵权之诉，法院以“医疗过错行为与原告陈×臻的出生虽存在直接因果关系，但与原告陈×臻所患 21 三体综合征无关”而予以否定。在损害赔偿的范围上，以违约起诉者，在赔偿范围中并不包含精神损害赔偿。在侵权之诉的判决理由中，有以侵犯生育选择权受到侵害为理由，有以健康生育选择权受侵害为理由，还有以原告的知情权受到侵害为理由，还有以孩子不出生的权益受到侵害为理由。在因果关系的认定上也存在不同的认识，被告往往以患儿的缺陷源自遗传或其他原因，而并非医方造成的，从而否定因果关系的存在，不少法院也持此种观点。而原告方则往往认为在此类案件中，因果关系的追究应该是在于医方的过失行为与有先天性疾病的子女出生之间的因果关系。

三、错误出生之诉的请求权基础

请求权基础即原告向被告有所请求的具体的法律规范。缺乏请求权基础则缺乏寻求法律保护的途径，不同的请求权基础产生不同的请求权。错误出生诉讼是一种新的诉讼类型，只有明确原告的请求权基础，才能准确

---

[1] “百万诉讼索要‘健康生育选择权’”，载民主法制网，2014 年 4 月 8 日。

[2] 胡建华：“产前检查过错侵害生育选择权案”，载 http://www.66law.cn/goodcase/21292.aspx.

确定裁判的依据，从而公正地处理双方之间的关系。国内外关于错误出生的请求权基础分别有违约和侵权。本书认为，错误出生之诉存在违约责任与侵权责任的竞合。

（一）违约责任和侵权责任的竞合的性质分析

孕妇与产检医疗机构错误出生责任究竟是违约责任还是侵权责任？如上所述，不仅国外存在不同的裁判理念，我国的案例也呈现两种倾向，有调研发现，2007～2012 年可检索到的 5 起错误出生判例中，其中 4 起确定为侵权，1 起判定为违约。其中侵权之中，有以侵犯优生优育权为由判决的，也有以侵犯知情权和优生优育权为裁判理由的。而在违约判决中，裁判认为孕妇与产检医院之间存在医疗保健服务合同关系。[1] 因此，错误出生损害究竟采取违约还是侵权是需要解决的第一个问题。孕妇和产检医院之间是否存在合同关系？我国台湾地区学者也多将医患关系认定为契约关系。孕妇在产检医院挂号的行为即为要约，而医疗机构如不作出拒绝之通知即为承诺，医患之间的契约关系即为成立。以我国为例，在错误出生纠纷中，孕妇到产检医院进行检查，缴纳相关费用，医生对其进行诊断，双方之间产生合同关系，医师有义务基于合同的约定，对于孕妇和胎儿进行符合产检规则的检查，如果医师未能尽到注意义务，就应当对孕妇承担违约责任。

关于医患合同的性质，我国台湾地区学者说法不一，有委任契约说、雇佣契约说、承揽契约说、混合契约说。[2] 虽然对于合同的性质存在各种争议，但医患之间存在契约关系较为理论及实务所认可。

1. 委任契约

很多台湾地区的学者将医疗服务合同归类为委任合同（委托合同）。委任合同是当事人一方约定他方处理实务，他方允为处理之契约。但是依

---

[1] 田野、焦美娇："从法院裁判看错误出生损害赔偿"，载《西北工业大学学报（社会科学版）》2014 年第 2 期。

[2] 黄丁全：《医事法新论》，法律出版社 2013 年版，第 75～80 页。

照委任关系的性质，受托人必须在委托人授权范围内从事一定的行为，超越权限就有可能构成违约，因此受托方必须依照委托方的指示行为，而在医患关系中，因病人并不具有医学专业知识，不可能对医师的治疗行为进行指示，而且由于医疗行为的高风险性，常常无法避免危险的发生，一些具有高科技的诊疗方法也超越一般患者的知识范畴，患者也无法对医师进行指示，因此，传统的委任关系无法涵盖医患关系的所有特征。

2. 承揽合同

承揽合同是承揽人按照定做人的要求完成工作，交付工作成果，定做人给付报酬的合同。由于承揽合同以交付工作成果为目的，因此仅有部分医疗合同具有承揽合同的性质，例如镶假牙、配义肢、配眼镜。由于医疗行为的不确定性，大多数医疗合同不能以工作成果为合同标的，因此，医疗合同不属于承揽合同。

3. 雇佣合同

雇佣合同是指从事雇主授权或者指示范围内的生产经营活动或者其他劳务活动，但是雇佣合同中雇员的工作不具有独立性。他一般以雇主的设备、技术为依托而工作，受雇主的指挥管理。这显然与医生的职业行为不相符合。虽然早期日本将医疗合同当作雇佣合同来处理，但随着对医患关系和雇佣合同的认识的加强，日本已经摒弃了这一观念。

4. 混合契约

基于上述分析，也有学者认为医疗合同属于混合契约。根据传统的合同法理论，合同分为有名合同与无名合同，法律赋予特定名称并予以明确规范的是有名合同，否则为无名合同。无名合同又分为纯粹无名合同、混合合同和准混合合同。无名合同是指合同之任何一个部分不具备任何一种典型合同的合同；混合合同是在一个合同中包含两个以上的有名合同或无名合同的相互混合或各自混合的，有着两个以上的不同法律关系的合同。因此，一些学者认为医疗合同属于委任合同、雇佣合同、承揽合同杂交而成的混合合同。

5. 无名合同或医疗保健服务合同

我国裁判案例中有以医疗保健服务合同之名义裁决双方纠纷的，但因为我国合同法中并无“医疗保健服务合同”之规定，因此，其实质是将其当做无名合同处理。

在医患合同关系中，医师具有诊疗义务、说明义务、保密义务、劝告转医、继续治疗等义务。本书也认可孕妇与产检医院之间存在合同关系，错误出生纠纷也可以根据合同法来处理。

（二）错误出生适用侵权责任的优越性

学理上，关于侵权责任的构成要件有“三要件说”“四要件说”。“三要件说”即损害事实、因果关系、过错；“四要件说”则包括损失事实、违法行为、过错、因果关系。“三要件说”和“四要件说”的主要区别在于对于“过错”的定义：“三要件说”将采取客观过错说，“四要件说”采取主观过错说。在医疗损害中，医师的过错认定更适宜用客观过错说。错误出生之诉中原告固然可以选择违约之诉，但是如果主张侵权则更加有利于错误出生的孩子一方。

1. 错误出生适用侵权责任或违约责任的责任构成和举证责任相当

一般认为，只要合同对方当事人有不履行或者不适当履行义务的行为，违约责任就成立。而主张侵权责任的原告必须主张被告具有过错，有损害事实以及过错和损害事实之间具有因果关系。因而侵权责任的构成要件比违约责任的构成要件严格，侵权责任的举证责任比违约责任的举证责任要重。但在错误出生的情形中，并不存在这样的区别。首先，如果原告选择侵权责任，则必须证明被告有过错，而医师或者医疗机构的过错就是未尽到注意义务，即违反了产检的诊疗规则。而如果原告主张违约责任，需要证明被告医师或者医疗机构具有违约行为，而违约行为恰恰就是被告违反了产检的诊疗规则从而未尽到注意义务。其次，虽然主张侵权责任，原告必须证明有损害事实，以及损害与过错行为之间具有因果关系。然而，如果原告主张违约责任，也并不能排除这种举证责任。因为违约责任的承担方式包括违约金和损害赔偿，在错误出生纠纷中，并不存在事先约定的违约金，主要是损害赔偿。而原告同样要证明损害的存在，以及损害与医师行为之间的因果关系。因此，错误出生适用侵权责任或者违约责任的举证责任相当。

2. 适用侵权责任更加有利于受害方

从合同法律关系的角度对错误出生的原告进行救济则存在以下的不足。首先，基于合同法律关系的相对性，只有合同法律关系相对人才享有合同权利，即只有产妇可以作为原告起诉医院，假如产妇缺乏相关条件，例如因分娩而去世，而父亲和子女均无权提起诉讼，则如何追究责任成为问题。其次，违约损害赔偿的范围有限，受到可预期损害理论的限制，精神损害不属于违约赔偿范围。因此，主张侵权责任更加有利于维护患者一方的利益，并且在英美法系，错误出生之诉也均在侵权法领域解决。

四、错误出生侵权责任的构成要件

虽然上述研究表明错误出生更加适合采取侵权责任，但其责任构成要件上仍然具有不同于一般侵权责任的特点。

（一）损害

在错误出生侵权诉讼中，被告常常主张原告并没有“损害”。因为如果把有缺陷孩子的诞生视为法律上的“损害”，显然是不符合人类的基本价值观，更不要说仅仅因为避孕失败而诞生的健全的孩子的出生，对父母而言更不是一种“损害”。“基于亲子关系间生理及伦理上的联系，婴儿不论是否为父母所计划出生，其出生均无法视为‘损害’。”❶ 损害，是指一定的行为致使权利主体的人身权利、财产权利以及其他利益受到侵害，并造成财产利益和非财产利益的减少或灭失的客观事实。考察错误出生情形下原告一方是否具有损害，需要探寻是否有法律所认可的权利或者利益

❶ 王泽鉴：《侵权行为法（第一册）》，中国政法大学出版社 2001 年版，第 142 页。

有所减损。

多数美国法院认为，错误出生案件中受到侵害的权益是妇女的堕胎权。在 Roe v. Wade 案❶中，判决认为妇女的堕胎权属于宪法修正案第 14 条规定的隐私权，此后美国许多州的法院认为，不存在任何一种公共政策能够正当化地剥夺父母选择是否终止妊娠的权利，也不存在任何一种公共政策能够正当化地剥夺父母请求侵权法上救济的损害赔偿请求权。❷ 而医生由于过失没有告知父母胎儿的状况，致使父母丧失选择堕胎的权利，因此侵害了妇女的堕胎权。在堕胎权领域，美国法学界最著名的论断是“三阶段说”，在孕早期，胎儿并无人形，此时妇女的堕胎权享有较大的自由性，只要堕胎理由与预期利益大于胚胎所承受的痛苦即可。在怀孕中期，胎儿逐渐形成人形，妇女堕胎必须出于身体健康、精神健康会受到严重伤害，或者继续妊娠会使妇女极度贫困以及遭到社会伤害的情况。在怀孕末期，胎儿已经初具人性或者具备人形状，除非妇女的生命健康遭到妊娠的严重伤害，否则不能行使堕胎权。美国 1973 年赋予女性堕胎权时，为对立的双方设立了一个平衡模式：孕期前 3 个月，堕胎决定权由女性和医生保留；中间 3 个月，各州可用与母亲的健康合理相关的理由限制堕胎；最后 3 个月，禁止堕胎，除非母亲的生命或健康受到严重威胁。2003 年美国颁布的“禁止后期堕胎法”，规定除为了挽救母亲生命和胎儿出生后有可能出现残障的情况之外，堕胎就是违法行为。由此可见，允许妇女堕胎以避免有残障孩子的出生是美国法律赋予妇女堕胎权的含义之一，因此，裁判错误出生之诉中的损害是对妇女堕胎权的损害自然是水到渠成。

由于国情不同，我国女性在堕胎上并无法律限制，因此也没有在法律上规定“堕胎权”的必要性，所以在错误出生诉讼中，也没有“堕胎权”受损之观点的出现。我国对错误出生损害的性质并无统一的认识，分别有

❶ 410 U. S 113（1973）.

❷ 王洪平、苏海建：“错误出生侵权责任之构成”，载《烟台大学学报（哲学社会科学版）》2008 年第 7 期，第 36 页。

侵犯"优生优育选择权""健康生育选择权""终止妊娠的选择权"以及"知情权""适当产前保健服务的权益"。实际上，我国的民事权利体系中并无上述"权利"的存在。而对于终止妊娠的规范主要是在一些行政性法律法规中，《母婴保健法》第17~18条规定，"经产前检查，医师发现或者怀疑胎儿异常的，应当对孕妇进行产前诊断"，"经产前诊断，胎儿有严重缺陷的，医师应当向夫妻双方说明情况，并提出终止妊娠的医学意见"。《母婴保健法实施办法》第20条规定："胎儿发育异常或者胎儿有可疑畸形的，医师应当对其进行产前诊断。"卫生部《产前诊断技术管理办法》第17条第2款规定："胎儿发育异常或者胎儿有可疑畸形的，医师应当建议其进行产前诊断。"根据我国《母婴保健法》及其实施办法的规定，医疗保健机构应当为育龄妇女及孕产妇提供孕产期保健服务。对孕育健康后代以及严重遗传性疾病和碘缺乏病等地方病的发病原因、治疗和预防方法提供医学意见；对患严重疾病或者接触致畸物质，妊娠可能危及孕妇生命安全或者可能严重影响孕妇健康和胎儿正常发育的，医疗保健机构应当予以医学指导；经产前检查，医师发现或者怀疑胎儿异常的，应当对孕妇进行产前诊断；医师发现或者怀疑育龄夫妻患有严重遗传性疾病的，应当提出医学意见；限于现有医疗技术水平难以确诊的，应当向当事人说明情况。育龄夫妻可以选择避孕、节育、不孕等相应的医学措施等。由此可见，我国法律中规范终止妊娠行为的目的是"保障母亲和婴儿健康，提高人口素质"，[1]是宪法所赋予的基本人权的体现，其所代表的利益虽然不是《民法通则》和《侵权责任法》中所列举的具体的民事权利，但是的确是《侵权责任法》所保护的民事权益的范畴。因此，虽然有"优生优育选择权""健康生育选择权""终止妊娠的选择权"以及"知情权""适当产前保健服务的权益"的不同说法，但其核心内容都是一致的，即怀孕妇女有权接受恰当的孕产期保健服务，并有权在胎儿有先天缺陷的情

[1]《中华人民共和国母婴保健法》。

况下终止妊娠的权利。本书认为，需要作出一个统一的称谓。上述各种称谓均存在一定的弊端，“优生优育选择权”和“健康生育选择权”所揭示的内容更加广泛，如生育与不生育的权利、是否采取辅助生育手段的权利等。因此，笔者认为“终止妊娠机会”更加精准。

（二）过错的判断标准

医疗损害中，“过错”是医生未尽到注意义务的客观行为，并以是否违反诊疗规范为具体的裁判依据。在错误出生的场合下，医生的过错行为表现为四种：（1）医生未能告知或者合理进行现有的某种筛查手段；（2）医生未能正确告知检查的结果；（3）医生未能正确地解释检查的结果；（4）未能给可能有遗传病的母亲对下一次怀孕风险的正确的警告。根据《母婴保健法》和《母婴保健法实施办法》的规定，产检中的医师注意义务可具体化为以下内容。

1. 诊断义务

医疗、保健机构发现孕妇患有下列严重疾病或者接触物理、化学、生物等有毒、有害因素，可能危及孕妇生命安全或者可能严重影响孕妇健康和胎儿正常发育的，应当对孕妇进行医学指导和下列必要的医学检查：严重的妊娠合并症或者并发症；严重的精神性疾病；国务院卫生行政部门规定的严重影响生育的其他疾病。医师发现或者怀疑患严重遗传性疾病的育龄夫妻，应当提出医学意见。经产前检查，医师发现或者怀疑胎儿异常的，应当对孕妇进行产前诊断。孕妇有下列情形之一的，医师应当对其进行产前诊断：羊水过多或者过少的；胎儿发育异常或者胎儿有可能畸形的；孕早期接触过可能导致胎儿先天缺陷的物质的；有遗传病家族史或者曾经分娩过先天性严重缺陷婴儿的；初产妇年龄超过35周岁的。

2. 充分告知义务

医疗机构及其医务人员不仅要尽到产前检查的注意义务，发现或怀疑可能危及或影响孕妇健康和胎儿正常发育的情形，还负有指导和建议其进行产前诊断的告知义务。如果没有尽到告知义务，医疗机构也具有过失。

如果孕妇故意隐瞒有关情况，造成医生无法得知其具有产前诊断的指征，医疗机构及其医务人员尽到注意义务的，不构成过失。

3. 提供医学意见的义务

《母婴保健法》和《母婴保健法实施办法》还规定了医师提出医学意见的义务，在发现胎儿的异常情况并将其告知孕妇之后，医师有义务提出医学意见，这里的医学意见主要是指是否终止妊娠的医学意见。依法律规定，如果胎儿具有严重遗传性疾病或严重缺陷，医师应当提出终止妊娠的医学意见，当然医师只要提出了终止妊娠的医学意见便履行了法定义务，对于是否终止妊娠最后要由孕父母依自身的情况共同决定。但是由于普通孕父母并不了解医学知识，医师的医学意见对于患者的决定有重要的影响，因此医师在提出终止妊娠的医学意见时应该慎重。如果医师在确诊胎儿有严重残疾的情况下没有提出终止妊娠的意见，则可以认为该医师具有过失。

（三）因果关系

因果关系是两个事件在先后发生上的必然性，其前一事件必然导致后一事件的发生。法律上的因果关系则是基于经验的“相当因果关系”，采取“but - for”规则，运用“but - for”规则主要有排除法和替换法，排除法一般运用于作为方式的过失侵权，即将侵权行为排除后看原告是否依然还有损害，以做因果关系的认定；而替换法一般运用于不作为方式的过失侵权，即将被告的不作为方式替换为作为方式，看原告是否还有损害，以做因果关系的认定。

在明确错误出生侵权的损害是“终止妊娠选择权”后，则需要证明的是医生的过失行为与父母的终止妊娠选择权的损害之间的因果关系。由于医生的过失是一种不作为，因此应带适用替代法来检测。据此，如果医生根据诊疗规则，尽到注意义务，作出正确的诊断，并提出医学建议，那么，在一般情况下，父母都不会选择生下有缺陷的孩子。由此可见，医生过失与终止妊娠选择权的损害之间存在因果关系。

五、损害赔偿范围和免责事由

（一）损害赔偿的范围

直接被害人是损害赔偿权利人，因此丧失“终止妊娠选择机会”的母亲享有赔偿请求权，在母亲因故不能主张损害赔偿请求权时，其近亲属可代为请求。

1. 财产损害赔偿

由于残疾儿童的出生，父母承担了更多的经济上的负担，而这些负担如果没有残疾儿童出生的话，显然不会产生。而损害赔偿的目的和功能在于补偿，“使被害人能够再处于如同损害行为未曾发生然之情形”。[1] 因此，但凡因为过错行为所产生的损害，都属于赔偿的范围。由于残疾儿童的出生，父母必须支付的费用包括残疾儿童抚养费、残疾儿童医疗费、残疾儿童特殊教育费、残疾儿童的残疾用具费。

（1）残疾儿童抚养费。未成年的孩子需要父母的抚养，而抚养残疾儿童比正常儿童需要付出更多的精力和财力。抚养费可以分为一般抚养费和特殊抚养费。一般抚养费是抚养任何儿童都必须支出的费用，特殊抚养费是由于残疾儿童的特殊身体状态所必须额外支出的费用。对于一般费用费，正如王泽鉴先生认为：“为适当限制医生的责任，鉴于养育子女费用及从子女获得利益（包括亲情及欢乐）之难于计算，并为维护家庭生活圆满，尊重子女的尊严，不将子女之出生视为损害，转嫁于第三人负担扶养费用，而否定扶养费赔偿请求权，亦难谓无相当理由。”[2] 而特殊抚养费应当赔偿。

（2）残疾儿童医疗费。医疗费包括医药费和治疗费，是指受害人在接受医学上的检查、治疗过程中所必须支出的各种费用，它不仅包括已经

[1] 曾世雄：《损害赔偿法原理》，中国政法大学出版社2001年版，第14页。

[2] 王泽鉴：《侵权行为法（第一册）》，中国政法大学出版社2001年版，第144页。

支出的费用，也包括将来要发生的医疗费即后续治疗费。父母为了治疗残疾儿童所支出的医疗费用，对于残疾儿童的健康以及更好的生活具有重要的意义，医疗机构应当赔偿。

（3）残疾儿童的特殊教育费。由于身体残疾或者智力影响，残疾儿童需要接受特殊的教育，以期改善其身体或者智力状况，提高生活质量。特殊教育费是指对残疾孩子采取有别于常人的教育方式而花费的费用。

（4）残疾儿童的残疾用具费。残疾辅助器具费是指因受害人残疾而造成身体功能全部或部分丧失后需要配置补偿功能的残疾辅助器具的费用。残疾辅助器具主要包括肢残者用的支辅器，假肢及其零部件、矫形器、生活自助具等；视力残疾者使用的盲杖、盲人阅读器等；语言、听力残疾者使用的语言训练器、助听器等；智力残疾者使用的行为训练器、生活能力训练用品。这些费用是残疾儿童特殊费用，应当由医疗机构进行赔偿。

2. 精神损害赔偿

精神损害是非财产性损害，是由于权益受侵而产生的精神上的痛苦。《侵权责任法》第22条规定了精神损害赔偿："侵害他人人身权益，造成他人严重精神损害的，被侵权人可以请求精神损害赔偿。"错误出生父母遭受重大的精神痛苦，应当支持其精神损害赔偿的要求。

（二）错误出生损害赔偿的免责事由

1. 孕父母同意

如果医师已经将胎儿异常的情况告诉父母，并向孕父母作出终止妊娠的医学建议，但孕父母基于各种考虑仍然坚持生下具有残障的婴儿。由于医师已经履行适当的注意义务，因此不应当就错误出生而发生的损害承担赔偿责任。

2. 孕妇的特殊体质

如果医学证明母亲的特殊的体质而导致医师没有发现胎儿的残疾或严重疾病，在这种情况下孕妇丧失终止妊娠的机会，生出残疾儿童，医师不应承担侵权责任。

3. 孕父母过错

在错误出生案件中，孕父母的过错主要有以下方面：（1）错误告知或隐瞒与胎儿健康相关的重要信息，如怀孕期间接触有毒、有害物质的情况或家族遗传病史，从而导致医师作出错误的判断；（2）因孕父母自己的原因，未按医师的建议进行必要的检查或进行其他医疗措施；（3）因孕父母自己的原因而延误检查诊断时机造成的不良后果。

4. 医疗技术的限制

虽然孕检筛查是预防有严重遗传性疾病或先天缺陷胎儿出生的一项有效而可靠的措施，是贯穿整个妊娠期的一系列检查，但是，由于目前科学技术的局限性和分娩的个体差异，并非所有的胎儿疾病都能够在产检中发现，现代医学中，孕前检查的种类多达上百种，有些灵敏度和特异性很高，有些敏感但特异性略低，有些特异性高但不够灵敏，所以由于医疗技术限制而未能检测到的胎儿疾病，不能成为主张损害赔偿的理由。

第三节　存活或治愈机会丧失的医疗损害

罹患某些重疾的病人，即使得到恰当诊治，其生存或治愈的概率也是微乎其微，假如在诊疗过程中医师具有过错，出现误诊的情形，医生是否应当对病患的人身伤亡承担损害赔偿的责任？在传统的侵权责任制度中，由于病患的伤亡源于疾病本身，而并非医生造成的，因此由于因果关系的欠缺，使其被排除在损害赔偿的范围之外。但是，随着医患关系由父权型转变为患者参与型，以及患者权利意识的兴起，此类案件的司法诉求越来越强烈，各国法律实践逐渐发生突破传统理论之局限对其进行救济的趋势。理论中对此种损害多称其为“存活或治愈机会丧失的医疗损害”。国外司法实践中，逐渐将因诊疗过错所造成的存活或者机会丧失作为医疗损害赔偿的原因，我国也出现类似案例。如 2013 年张某因腹痛到某医院就诊，被诊断为局限性腹膜炎、肠梗阻、急性阑尾炎，当日就做了手术，一星期后出院。但 10 天后，因腹痛难忍，张某再次到同一家医院住院治疗，被诊断为粘连性肠梗阻，经相应治疗后出院。出院后，张某在家属的陪同下回老家某医院诊治，经诊断为转移癌可能，已无法进行手术治疗。不久，张某便去世。宁波慈溪法院判令因医方诊疗过错致使患者张某丧失了接受适当治疗的机会，或丧失生存的可能性，法院综合考虑医方的过失在医疗损害后果中的责任程度、医疗损害后果与患者原有疾病之间的关系、医疗机构的资质等级以及医疗风险等因素，判决由医方对张某家属所遭受的各项损失承担 10% 的赔偿责任，精神损害抚慰金酌定为 1 万元。[1]

一、两大理论基础

在世界范围内，针对低治愈率疾病治疗中的医师过失责任，有两大理论作为支持损害赔偿的基础，分别是机会丧失理论和期待权侵害理论。

（一）机会丧失理论

机会丧失理论（loss – of – a – chance doctrine）诞生于美国医疗侵权过失诉讼领域，虽然很难追溯机会丧失理论的起源，但大多数学者认为该理论最初由田纳西大学法学院约瑟夫·金（Joseph H. King）教授提出。[2] 其主要内容是：如果被告的侵权行为破坏或者减少了原告获得更有利结果的机会，那么原告可以就丧失的机会请求被告予以赔偿。该种诉讼请求得以满足必须符合以下四个要件：（1）被告没有履行其对原告应尽的保护或者维持原告获得更有利结果的机会的义务；（2）或者（a）这种义务是基于一种特殊的关系、允诺或其他足以引致保护原告获得更有利结果可能性的在先义务的基础；或者（b）唯一的问题是在评估被告的侵权行为造成的物质损害时如何证明原告的既存状况；（3）被告的侵权行为减少了原

---

[1] “医院误诊致患者存活机会丧失　被判担 10% 责任”，载中国新闻网，2013 年 11 月 5 日。

[2] Joseph King，“Causation，Valuation，and Chance in Personal Injury Torts Involving Preexisting Conditions and Future Consequences”，*Yale Law Journal*. 1353（1981）.

告获得更有利结果的可能性；（4）被告的侵权行为是造成难以准确确定更有利结果能否实现的原因。分析机会丧失理论，其特点是：第一，损害赔偿的客体是“机会丧失”本身，而并非受害人遭受的最终损害；第二，受害人无须证明加害行为与最终损害之间的因果关系，而只需证明加害行为与机会丧失之间的因果关系；第三，赔偿金的计算需权衡受害人丧失的机会的价值。在该理论发展过程中，Hicks v. United States 一案❶具有里程碑意义，该案中，因医生未能适当诊断并给予治疗而导致病人死亡，法院认为只要被告剥夺了原告生存的实质可能性就应对此承担责任。

与之前的种种理论相比，该种学说最大的特点是将机会丧失视为一种真正的损害，认为“获得某种利益或者避免遭受某种损害的机会本身是有价值的，应当受到法律的保护”。❷ 因此，只要能够证明被告的行为与机会的丧失之间具有因果关系，而不是证明被告的行为与原告最终的财产上的损失或者身体上的伤害之间具有因果关系，被告即应承担损害赔偿责任。该学说，通过将“损害”概念的延伸从而回避了在传统理论框架下证明行为与损害之间因果关系的困难性。该说的支持者认为，治愈某种疾病或者延长生命期限，赢得某场比赛甚至获得重新规划的概率都是有价值的，即使这个概率低于 50%，人们也愿意为其付出一定的代价。❸

而在具体的案件审理中，法官体现出不同的倾向。美国法院在适用机会丧失理论时，体现出不同的方法：一种是不再把患者的死亡、伤残当做患者最终的损害，而是把机会丧失所直接引发的身体或精神上的损害当做最终损害，采用这种方法要求法院确定被告过失行为所造成的损害，并对原告的损害进行归类；另一种是把机会丧失本身作为最终损害。

---

❶ 368 F. 2d 626, 632 (4th Cir. 1966).

❷ Joseph King, “Causation, Valuation and Chance in Personal Injury Torts Involving Preexisting Conditions and Future Consequences”, *Yale Law Journal*. 90. 1981.

❸ S. M. Waddams, The Law of Damages, 290 (2d ed. 1991).

（二）期待权侵害理论

“期待权侵害理论”是日本法所采取的解决途径。20 世纪 70 年代，日本出现了不少在癌症治疗中追究医师或者医疗机构过失责任的案例。在这些案例中，患者即使受到适当的诊治疗，患者也难以避免死亡的后果。如果根据传统的侵权责任法，患者的死亡后果与医师的过失行为之间无法成立因果关系。但是，拒绝赔偿请求显然不符合对被害人进行救济的公平理念。为此，被害人采取仅主张精神损害赔偿的迂回方式，在早期的判例中，就赔偿理由更多是基于精神损害赔偿。例如，东京地方裁判所 1976 年 2 月 1 日的判决认为：“作为患者，希望得到符合现代医学水准的适当治疗而死去是理所当然的，这种期待因医师的怠慢、过误而被辜负，在没有得到适当治疗的情况下死去时，可以想象，患者一定承受了莫大的精神痛苦。”❶ 裁判所判令医方承担精神损害赔偿。但是，在人身损害赔偿不成立的前提下主张精神损害赔偿毕竟缺乏法理上的支持，于是日本的一些下级审判案例作出大胆尝试，在医疗方的不作为具有重大过失，又不能认定如果实施该作为患者就能够生存时，将损害概念转换为“对符合现代医疗水准的适当诊疗的期待利益受到侵害”，从而认定医疗过失与这一损害之间具有因果关系。

20 世纪 70～80 年代，日本下级裁判所主要对三种行为类型适用“期待权侵害理论”：❷（1）虽然医疗方的不作为存在过失，但是即令医疗方实施了作为也根本不存在死亡回避可能性，所以，医疗方的不作为与患者死亡之间的事实因果关系根本不能成立。（2）医疗方的作为存在过失，并且，如果医疗方实施了作为——适当的诊疗行为的话，患者死亡等结果可能得到回避。但是，由于这种结果回避可能性太小，不具备使裁判官的心证形成“高度盖然性”的确信，所以医疗方的不作为与患者死亡之间

---

❶ 夏芸：《医疗事故赔偿法——来自日本法的启示》，法律出版社 2007 年版，第 224 页。

❷ 同上书，第 223～225 页。

的事实因果关系仍然难以成立。(3) 医疗方的不作为确实存在过失，但由于患者的死亡原因不明确，所以无法认定医疗方的不作为与患者死亡之间是否存在事实因果关系。

之后，期待权侵害理论越来越受到理论的支持，直至2000年9月22日的急性心肌梗塞死亡一案中，日本最高裁判所认为医疗过失行为与患者死亡之间不具有因果关系，但是，如果证明只要医方实施的恰当的医疗行为，患者在死亡的时点应当有相当程度的生存可能性，医方就应当承担损害赔偿责任。因为维持生命是人类最基本的利益，这种生存可能性利益应当受到法律的保护。目前，生存可能性利益应当受到法律保护在日本已经不存在异议。❶ 具体而言，日本对生存期待权具体解释如下：(1) 在不作为存在过失，但死亡回避可能性较小的情况下，可以作为生存可能性利益被侵害来处理；(2) 在不作为存在过失，但根本不存在死亡回避可能性，可以作为以下各种利益被侵害来处理：①得到适当治疗后追求生活方式（Life Style）以及生活质量（Life Quality）的利益；②适当治疗机会的利益；③期待得到符合医疗水准诊疗的利益。❷

(三) 对两大理论的基本分析

不论是“机会丧失理论”还是“期待权侵害理论”，其本质均是转换“损害”的概念，克服传统模式下因果关系举证的困境。相比于“期待权侵害理论”，“机会丧失理论”更加恰当。

首先，期待权更加具有债权的性质。期待权系指“因具备取得权利之

❶ 有关期待权侵害理论的资料来源于夏芸：“不作为型医疗过误的期待权侵害理论”，见梁慧星主编：《民商法论丛（第32卷）》，法律出版社2005年版，第202～211页。

❷ [日]“新美育文医疗过误による生存可能性の侵害と医师の损害赔偿责任”．私法判例リマークス（上）。转引自夏芸：“关于期待权侵害论的考察——以不作为型医疗过误案例为背景”，见渠涛主编：《中日民商法研究（第三卷）》，法律出版社2005年版，第383页。

部分要件，受法律保护，具有权利性质之地位”。[1] 从大陆法系权利体系的角度观察，期待权主要存在于物权法和债权中，其内容更多地具有经济性，是未来可能取得的利益的可能性，在侵权法中能否得到体现还需要斟酌，将其解释为“对接受符合医疗水准的医疗的期待”颇显牵强，有权宜之计之嫌。而“机会丧失理论”就其内容而言，更加侧重于人格权，即“治愈和存活机会”，相比较于“对接受符合医疗水准的医疗的期待”，“治愈和存活机会”更值得法律的保护。[2]

由于“机会丧失理论”的恰当性，我国台湾地区法院也接受了该理论，如“辅大学生健检案”中，台湾地区“高等法院”支持原告的请求：“本院参照美国俄亥俄州最高法院案例，即采纳存活机会丧失理论，谓患者自医疗专人员寻求医疗辅助，有权期待获得适当照顾，且因医疗人员之过失而减低其生存机会时，应获得赔偿”。[3] 更为特殊的是，在本案中，原告在请求赔偿时并未死亡，法院仍然支持原告的赔偿请求，这在美国法院也比较少见。笔者认为，我国应当借鉴“机会丧失理论”，并主张将其更为精准地表述为“存活或治愈机会丧失理论”。

二、“存活或治愈机会”作为“损害”的法律分析

传统损害赔偿法的救济对象包括两种，一为权利，二为利益。尽管患者权利的高涨使得“诊疗机会丧失”逐渐进入侵权责任的视野，但是胶着于因果关系的追究使得应否赔偿处于模糊的边界，直到裁判者将重心转移至对于“损害”的探讨化解了因果关系证明上的困难。对于诊疗机会丧失诉讼中的损害，美国法界定为“生存或治疗机会”，日本法界定为“期待权”，与传统侵权责任客体或是“损害”相比较，其最大的特征是

[1] 王泽鉴：“附条件买卖买受人之期待权”，见《民法学说与判例研究（1）》，中国政法大学出版社1998年版，第145页。

[2] 陈聪富：《因果关系与损害赔偿》，北京大学出版社2006年版，第176页。

[3] 吴志正：“存活机会丧失——医疗损害之迷思”，载《月旦法学杂志》2007年第11期。

其所代表的利益并不具有现实性，而是一种未来的可能性，是指当原告获得更好结果的预期被减少或者破坏时，对该损害予以赔偿。❶ 与传统的侵权责任相比，“机会丧失”损害的并非权利或者利益，而是一种预期的可能性。而依据传统侵权责任法的基本理念，为了限制责任的任意扩大，维护个人的行为自由，侵权行为的客体在传统上系由绝对权所构成的体系。但其封闭性日益受到冲击。❷

“机会丧失”作为法律所认可的损失的类型，并进入赔偿的范围，始于契约法的发展。罗马法时代，涉及“机会丧失”的案例一个为 U1pian，D. 9，2，29，3“原被告皆为渔夫，由于被告的过失，使得被告的船只困于原告的渔网之中，并且造成原告渔网的破损”。本案争议之处在于，被告损害赔偿的范围除渔网本身的损失之外，是否还包括原告因为渔网破损而可能捕获的鱼群的价值。但裁判之赔偿渔网的损失，因为原告是否可以捕获鱼群，尚不确定。另一个则是源自希腊的案例，原告因其 7 匹马被拒绝参加一场马的竞赛活动而起诉被告，认为被告侵犯其人格权，获得法院支持，于是其又提起第二次起诉，请求被告赔偿其若参加比赛应得的奖金，原告认为如果他参加比赛一定能获胜并取得奖金。希腊最高法院认为胜算是无法预估的，原告所请求的损害不是其丧失的利益，而是一种无法估算的幸运。❸ 在英国，机会丧失的典型案例是 1911 年的 Chaplin v. Hicks 一案，❹ 原告为选美比赛入选 50 名之一，依照比赛规则，有机会赢得 12 个奖项。被告主办选美比赛，违约未给予原告合理的表演机会，原告以被

❶ “Loss of chance in Medical Malpractice：The Need for Caution” *Masssachusetts law Review*，Summer，2002. 转引自王全弟、陈爱碧：“侵权法中的机会丧失理论”，载《复旦学报》2007 年第 3 期。

❷ 马栩生：“二十一世纪侵权责任法的发展”，载《学术研究》2010 年第 8 期。

❸ 张琼：《论机会丧失理论与侵权损害赔偿》，江西财经大学 2010 年硕士论文，第 5 页。

❹ 1911 K. B. 786（Eng. C. A.）.

告违约为理由，请求其赔偿丧失获得奖项机会的损害。陪审团评估原告所受损害为100英镑，被告则抗辩该项损害计算纯属猜测，根本无存评估。上诉法院肯定陪审团的判决，认为赢得奖项之机会，具有金钱价值。同时提出了机会价值的衡量标准，即可以通过市场进行交易的机会具有价值，对其损害具有可赔偿性。本案有50人竞争12个奖项，因而得将的平均机会约为25%，该平均比例应作为衡量损害之用。❶

在法国，承认机会本身具有价值，从而将机会损害当做独立的可赔偿的损害，就其受保护的“机会”而言，不仅适用于发生经济损失的情形，而且适用于发生人身损害的情形。学者认为，“机会丧失”包括两种情形，获得某种利益的机会的丧失和某种损失避免的机会的丧失。但主要适用于前一种情形，在该种情形中，获得某种利益的机会的损失不仅仅是一种或然的损害，因为获得利益的机会代表着受害人的财富，在其财产中已经具有了一种可以根据可能性予以计算和确定的价值。❷ 在国外理论与实践中，“机会丧失”适用于因律师错过期限而使原告丧失胜诉的机会、交通事故受害者丧失受雇用的能力、医师过失迟延治疗使得患者丧失痊愈机会。

我国合同法中缔约过失责任也认可对于“信赖利益”期待利益的保护。在契约法中，“期待利益”之所以得以赔偿，缘于以上种种均表明在现代私法制度中，“机会”或“期待权”是法律予以保护的客体。就常见的引起法律纠纷的“机会”而言，“机会”可以进行如下区分：（1）特定经济收入机会的丧失（例如因人身伤害导致从事某一特定职业机会或者职务晋升机会的丧失）；（2）治愈机会或存活机会的丧失（医师过失误诊）；（3）胜诉机会或和解机会的丧失（律师执业过失的情形）；（4）商业机会的丧失（因加害行为丧失避免经济损失或获得利润的机会）。与权利和利

❶ 1911K. B. 786（Eng. C. A）. 转引自陈聪富：《因果关系与损害赔偿》，北京大学出版社2006年版，第171页。

❷ 张民安：《现代法国侵权责任制度研究》，法律出版社2003年版，第96页。

益相比较，“机会”最大的特点是在损害行为发生时，“机会”所负载的利益并未现实存在，例如特定经济收入机会的丧失和商业机会的丧失，或者机会所表彰的利益即使在未受被告过错行为介入下利益实现的概率也较低，例如在罹患癌症情形下对治愈机会或存活机会丧失的主张。

是否成为法律所认可的权利或者利益，取决于其是否符合社会认可的价值，而且权利和利益的范畴也呈现出逐渐发展的态势。随着医疗技术的进步和患者权利的发展，患者享有认真细致的医疗服务是患者权利的应有之意，如果由于医生的过错，使得患者丧失恰当而降低生存质量以至于失去生存可能性，对患者而言是巨大的损失。陈聪富认为，患者存活的机会属于一种一般人格利益。患者丧失存活机会而最终死亡时，其生命权受到侵犯，而当存活机会受损导致患者病情恶化时，其身体权和健康权也受到了侵犯，因此，“剥夺病人生命之存活机会，应认为系属人格权受侵害，且不唯一般人格权受到侵害，亦得认为系属生命权或身体权、健康权受害”。❶

从侵权行为客体的角度分析，根据曾世雄先生的观点，赔偿客体需具备三个要件：（1）须为维生上之不利益，即加害行为使受害人遭受了财产上，或非财产上的不利益。（2）须表彰权利或法益受到侵害。只有在某项财产利益或非财产利益属于权利或法益的范围，始受法律的保护。（3）须客观上确定或可得确定。而依据上述分析，“诊疗机会”已然纳入“人格权”的范畴，显然符合（1）、（2）要件。而通过损害赔偿范围的确定从而满足了“客观上确定或可得确定”，损害赔偿范围将在下文论述。

三、因果关系的适用

（一）适应传统因果关系的局限性

1. 必要条件规则的局限

在存活或治愈机会丧失案件中，患者遭受的最终伤害基于疾病本身的

❶ 陈聪富：《因果关系与损害赔偿》，北京大学出版社2006年版，第174页。

和医生过错的双重原因，尤其在罹患癌症等低治愈率疾病中，即使没有医师的过错行为，患者也常常难以避免死亡或者伤残的后果。因此，由于医生的过错行为无法成为患者损害后果的必要条件，从而难以证明二者之间的因果关系。此时，必要条件规则体现出极大的局限性。

2. 优势证据规则的局限

两大法系的证据规则，均要求原告的证据必须达到可合理推知被告加害事实确属存在的程度。即其证据必须达到“优势证据”或“充分之盖然性”，即原告必须证明被告的过错行为造成原告损失的可能性到达51%以上，但是，罹患治愈或存活率低于50%的疾病的情形下，患者一方显然无法举证证明被告超过51%以上的可能性。

3. “全有或全无规则”的局限

“全有或全无规则”是英美法系因果关系的证明规则，根据“全有或全无规则”，若患者的存活机会大于50%，即患者原本的存活机会大于可能死亡机会，医生的过失行为与患者的损害之间具有因果关系，患者据此可以主张其全部损害的赔偿责任；若患者的可能存活的机会小于50%，则医生可以主张，即使没有医生的过失行为，患者仍有超过50%的死亡机会。美国相关案例的中，也体现了“全有或全无规则”的适用。在Kuhn v. Banker一案❶中，原告摔断了臀骨去班克（Banker）医生那里就诊。班克医生给原告照了X光片后在其患处放置了一个夹板。不久，夹板被取掉，虽然原告诉称有剧烈的疼痛感，班克医生还是要求原告在无人搀扶下行走。6个月后，原告找到了另一位医生，这位医生在初审中证实，被告应该在原告诉称有剧烈的疼痛感后采取一定的治疗措施。因为被告的不作为，原告必须进行一次手术，而这样的手术会导致原告在术后有50%~75%程度的残疾。最高法院维持了有利于被告的直接判决，认为原告要想获胜，必须能以优势证据证明如果医生对患者进行了适当的诊治，

❶ 13 N. E. 2d 242（Ohio 1938）.

伤害就可能避免。而本案中的唯一证人不能证明如果医生依照正常的诊治规程行事，原告的疾病就能够痊愈。Arguelles v. UT Family Medical Center 一案❶的法院认为，如果被告的过失行为只剥夺了患者50%或者更少的存活机会，原告损害赔偿的诉讼请求不会得到支持。在 Boone v. William W. Backus Hosp. 一案❷法院认为原告要依丧失了一定的存活机会主张损害赔偿，必须证明在就诊前至少有51%的存活机会。

在“全有或全无规则”之下，被告应否承担责任取决于治愈可能性，其基本逻辑是：如果患者疾病的治愈可能性低于50%，则由于医生的过失行为所造成患者损害的最大可能性低于50%，因此，患者的损害更有可能是由于原有疾病造成的，而非医生的过失行为造成的。因此，患者损害与医生过错之间无因果关系。以此逻辑，假如患者疾病治愈率高于50%，例如70%，则在医生具有重大过失的场合，假如患者治愈率降低为30%，因为被告引起原告损害的概率（40%）大于疾病造成原告损失的概率（30%），则认定被告过失行为与原告损害之间具有因果关系。

在此类医疗侵权中，适用“全有或全无规则”，最大的弊端就是违背了侵权法所追求的平均正义，因为只要疾病治愈率或者存活率低于50%，则在医生具有过错的情形下，患者必须证明医生过失导致患者损害的可能性要大于疾病导致患者损害的可能性，才能证明存在因果关系，而在低治愈率下，患者显然无法证明因果关系的存在。因而，在低治愈率疾病时，医生的过错并不导致其承担赔偿责任，从而易引发医生的道德风险。总之，仅仅因为因果关系盖然性上有轻微的差别，将会导致完全相反的结果，这确实是不能接受的。

（二）实质因素说的采纳

为了缓解优势证据规则在治愈或生存机会丧失案件中的局限性，美国

❶ 941 S. W. 2d 255（Tex. App. Corpus Christi 1996）.

❷ 272 Conn. 551，864 A. 2d 1（2005）.

法院在一些案件的因果关系证明中采取“实质因素说”。在 Hicks v. United States 一案，医生因过失将受害人的大量肠出血误诊为胃部感染，导致受害人死亡。虽然该案的法官重申了“全有或全无”原则，但其他法院却援用该案法官判决的附带意见抛弃了优势证据规则，转而采用“实质可能性说”。该案审理法官在判决附带意见中指出，“当被告的作为或不作为有效地终止了受害人的存活机会，被告不能以被减少机会的多少进行抗辩。只要被告造成受害人实质性存活机会的丧失，就应当负责。”[1] 但在该案中，并没有对所谓“实质性因素”的界定，新泽西州最高法院在 Scafidi v. Seiler 一案中，首次对“实质性因素”进行阐述，要求法院在先前存在的各种因素的情景下判断这种减少相对于最终的损害而言是否具有显著性，从而满足近因原则的要求，但法庭同时认为近因是一个模糊的概念，是建立在对逻辑、公平、政策、先例等综合考虑基础上对责任的一种限制标准。[2] 在宾夕法尼亚最高法院审理的 Hamil v. Bashline 一案中，认为被告的过失行为无须为死亡发生的唯一原因，就得以成立损害赔偿责任，只要被告的过失行为是死亡发生的实质因素，即应成立赔偿责任。[3]

在美国的一系列案件中，并没有明确实质因素规则的使用标准和具体内容，从而使得其成为一个含混不清的概念，更有不少人认为实质因素规则并未逃离优势证据规则的窠臼。

(三) 比例因果关系的采纳

主张比例因果关系的约翰·马克迪西（John Makdisi）教授认为，因果关系的可能性与因果关系的是否存在是两回事。传统因果关系理论，是以证据证明事实因果关系的存在，而不是因果关系存在的可能性。原告依据该说，仅是就因果关系的可能性比例加以证明，而无须证明因果关系确属存在。而法院依据证据所要认定的，并不是因果关系“是否存在”，而

---

[1] 368 F. 2d 626（4th Cir. 1966）.

[2] 574 A. 2d 406（N. J. 1990）.

[3] 392 A. 2d 1280，1289（1978）.

是因果关系存在的“可能性如何”。[1] 例如，原告还患有癌症，存活概率为40%，因被告过失存活率降低为15%，原告要想就丧失的25%的存活机会获得赔偿，就要证明被告过失引起的机会丧失可能性大小，这时传统的全有全无因果关系规则不再适用，根据原告证明的因果关系可能性比例判断因果关系，并根据该比例确定被告的赔偿责任。英国 Hotson 一案采取了比例因果关系，法官西蒙·布朗（Simon Brown）认为，在原告证明被告行为具有过失，且该过失行为具有发生不良医疗结果的实质危险性，该危险程度可得确定时，原告就其丧失机会的范围内可以获得相应比例的赔偿。[2]

四、“存活或治愈机会丧失”损失赔偿方法

就损害范围而言，美国法院体现出不同的方法：一种是不再把患者的死亡、伤残当做患者最终的损害，而是把机会丧失所直接引发的身体或精神上的损害当做最终损害，采用这种方法要求法院确定被告过失行为所造成的损害，并对原告的损害进行归类。另一种是把机会丧失本身作为最终损害。

（一）存活或治愈机会丧失直接引起的损害为最终损害

采取此种方法的法院区分因患者原有的疾病、存活或者治愈机会的丧失、直接由存活或治愈机会的丧失引起的损害。采取该种方法的法院认为，只有直接由存活或治愈机会的丧失所引起的损害才是赔偿的客体。英国学者托德·埃格德（Todd S. Aagaard）把机会丧失中损害归纳为五种类型：（1）最终损害结果（死亡或结果）；（2）存活或治愈机会的丧失；（3）身体损害；（4）精神损害；（5）其他衍生性损失（如额外的医疗费用）。其中，第一种损害是由原告的疾病本身和被告的过失行为共同造成

---

[1] 陈聪富：《因果关系与损害赔偿》，北京大学出版社2006年版，第195～196页。

[2] 同上书，第196页。

的，第二种不是该种方法所认可的赔偿，该两种损害都不应受到赔偿；而后三种，在能够证明因果关系的存在情况下，则属于赔偿的范围。因为这些损害可以与死亡或伤、残等损害结果相分离，从而成为被告过失行为引发的机会丧失所直接造成的损害结果。❶ 例如，新泽西最高法院审理的 Evers. v. Dollinger 一案中，原告因右乳房上一个很小的肿块去被告处就诊，被告因过失未能正确诊疗，导致原告病情发展而切除乳房。法院认定该案中，乳房切除并非应当支持的损害，因此它是原告癌症本身造成的结果，而肿瘤的增长、癌症再发可行性的增加、额外的医疗费以及被告未及时发现癌症后原告所承受的焦虑，都属于损害的范围。

（二）机会丧失本身为最终损害

此学说也称为“纯粹机会丧失说”，该学说主张机会丧失本身就是损害，而不是死亡、伤残本身，相应地计算损害赔偿的方法则是丧失机会的比例乘以患者生命的价值。以该理论为裁判依据的较著名的案例是 1986 年 De Burkarte v. Louvar 案，被告医师没有及时诊断出患者的乳腺癌，法院首先肯定了存活机会的价值。法院认为，被告未能及时诊断出患者的乳腺癌，剥夺了原告接受早期治疗的机会，并使原告遭受了身体上和精神上的损害，无论其存活机会有多小，延长生命和减少痛苦的机会都是有价值的。法院将原告生命的缩短视为其所遭受的损害，认为被告未能及时诊断出原告的癌症，从而大大减少了其存活机会，原告可就该存活机会的丧失获得赔偿。法院还认为金（King）教授的理论是最公正的，在判词中认为：“被告没有及时诊治原告的癌症大大减少了其存活机会……我们认为原告应该得到赔偿。把机会丧失当做一项单独的损害是最可行的也是最能与整个侵权法体系吻合的方法。如果不把机会丧失当做一种损害，就会不

---

❶ Todd S. Aagaard, “Note: Identifying and Valuing the Injury in Lost Chance Cases”, *96 Mich. L. REV*, *1335* (*1998*)。转引自陈聪富：《因果关系与损害赔偿》，北京大学出版社 2006 年版，第 184 页。

符合侵权法合理分配损失的功能，也会破坏侵权法损失分配系统的完整性。”❶

（三）本书观点

本书认为，上述两种计算方法都存在一定的合理性，并适用于不同的情形，或者结合进行适用。在能够计算出机会丧失的概率时，医生应当承担的责任范围可以通过比例赔偿的计算方法，先统计出机会丧失的概率，再乘以最终伤残或死亡的全部损害数额，便得出医方所承担的赔偿金数额。当无法得出机会丧失的概率时，可以由法官综合考虑各种因素，对丧失的机会的价值进行评定。因此，机会丧失的概率是损害赔偿计算的关键因此，而这个概率计算则是一个统计学问题。

第四节 侵犯患者知情同意权

赋予患者知情同意权是现代合作型医患关系的产物，是以人权为支撑的患者自主权的具体体现。在法律中，患者知情同意权的维护是通过规定医师的说明义务来实现，《侵权责任法》第55条明确规定侵犯患者知情同意权，患者可以据此寻求侵权法救济。而《侵权责任法》仅仅规定了侵犯知情同意权应当承担民事责任，对如何承担责任、责任承担的范围和标准都没有明确的规定。

一、侵犯患者知情同意权责任的性质

根据责任发生依据不同，民事责任可以区分为契约责任和侵权责任。通说认为，医疗机构以及医师与患者之间存在医疗服务合同法律关系，医疗损害行为既因为违反了合同义务而构成违约，也因为损害了患者的人身和财产利益而构成侵权。因此，在医疗损害纠纷中，存在违约责任和侵

---

❶ 393N. W. 2d. 137，137（lowa. 1986）. 转引自颜丽丽：《机会丧失损害赔偿的研究》，厦门大学2012年硕士论文，第11页。

权责任的竞合。根据《合同法》第122条规定，受损害方有权选择依照本法要求其承担违约责任或者依照其他法律要求其承担侵权责任。由于违约责任的赔偿范围不包括精神损失，因此，我国学者大多认为医疗损害更适合侵权责任。侵犯患者知情同意权作为医疗损害的一种，也存在违约责任和侵权责任的竞合，而《侵权责任法》第55条明确规定了患者知情同意权被侵犯，可以提前侵权之诉。

关于侵犯患者知情同意权在医疗侵权法律体系中的地位，学界有三种认识：第一种是“独立侵权责任类型说”，以杨立新教授为代表。该说认为，《侵权责任法》第54条、第57~58条规定的是医疗技术损害责任；第55~56条和第62条规定的是医疗伦理损害责任，并在违法行为中区分为违反告知义务和违反保密义务两种类型。❶ 根据此种观点，侵犯患者知情同意权是一种独立的医疗侵权形态。第二种是“过错表现形式说”，以张新宝教授为代表。该说认为医疗损害的过错包括三种情况：（1）违反告知同意义务；（2）违反医疗机构的注意义务；（3）法定过错推定标准。❷ 据此，违反告知义务仅是医疗过错的一种表现形式，并不具有独立性。第三种是“医疗损害责任类型说”，以王利明教授为代表。该说认为，《侵权责任法》对医疗损害责任作出了类型化的规定：第一，规定了对药品、医疗器械、消毒药剂、血液的缺陷造成损害的责任；第二，规定了侵害隐私权的责任；第三，规定了违反知情同意义务而产生的责任；第四，规定了不必要检查的责任。❸ 此观点认可侵害知情同意权是一种独立的医疗侵权形态，但认为此种情形下的损害仍然是医疗过错行为所造成的，而侵犯知情同意权本身不会造成损害。

---

❶ 杨立新：《侵权责任法》，法律出版社2010年版，第419页、第428页、第441~442页。

❷ 张新宝：《侵权责任法》，中国人民大学出版社2010年版，第235~237页。

❸ 王利明：《侵权责任法研究（下册）》，中国人民大学出版社2011年版，第371~372页、第380~381页。

笔者认为，知情同意权是患者的一项非常重要的权利，是参与性医患关系在医疗法学领域中的体现，患者的知情同意权和医师的说明义务相对应，通过医师正确适当履行其说明义务来贯彻患者的知情同意权，在具体案件中，医师违反医疗说明义务的有时伴随有过错的医疗行为，对患者造成人身的伤害；而某些侵害医疗知情同意权中没有具体的人身和财产损害，但并不能因此就否定患者的知情同意权所受到的伤害。而且与“诊断治疗”相比，知情同意不以医疗行专业的价值判断为主宰，例如，“某条已认知的医疗信息是否需要披露，即该信息是否会对患者的决策产生实质性影响，这一核心问题，并非医学判断之所能，它需要根据患者的价值观和生活方式作出解答，医学专业判断应让位于一般人知识”。[1]

二、过错

过错是侵权责任成立的主观要件，“无过错即无责任”。在侵犯患者知情同意权的情形中，当医务人员没有以一个合理医师的标准对患者进行告知，或者对患者询问的事项未予回答、回答错误或回答不充分时，即可判定医方未尽到医疗告知义务。此即构成“过错”，因此，在此种侵权诉讼中，医生向患者披露义务的标准，成为裁判过错的核心问题。在涉及医师说明义务的纠纷中，很少是由于医师未作说明的，更多的是医师未作充分的说明。在国外判例和司法实践中，而医生向患者披露信息的标准，基于不同的视角形成不同的学说。

（一）理性医师标准说

理性医师标准是指医师对患者披露关于医疗方案的固有风险，一位理性开业医师在处理相同或相似情况下都会说明的标准（a reasonable medical practitioner would make under the same or similar circumstance）。[2] 在美国

[1] 赵西巨：“论违反告知义务之医疗侵权形态的特殊性”，载《山东大学法律评论》2009 年第 7 期。

[2] 黄丁全：《医事法新论》，法律出版社 2013 年版，第 167 页。

1960 年的 Natanson v. Kline 案中，堪萨斯州最高法院施罗德（Schroeder）法官认为，“医师的披露义务限于一位合理医师在相同或相似情境下意欲披露的程度”，而合理医师的此种披露应基于“患者最佳治疗利益”。理性医师标准说认为，在具体的情况中究竟应该向患者提供哪些信息、程度如何，受患者的疾病症状、人格态度、理解能力等的影响，作出这种判断要求具有高度的医学专业知识，为此，理性医师标准只要求医师告诉患者通常需要披露的信息，并由医师依据合理的医疗水准并依照医疗惯例来决定哪些信息应该披露。合理医师标准是从医师的立场出发，认为说明应达到怎样的程度应由医师借着“专业标准”做判断，因此本质上是医疗判断的问题。

在理性医师标准说之下，医师告知的内容和程度根据一般医疗惯行来实施，但医疗惯行笼统并且缺乏明确的标准。将医生置于医患关系的主导地位，与现代社会患者参与型的医患关系相违背，并且人们质疑如果医师依其专业标准将其认为应告知病患的信息告知病患，而不考虑病患在实际上是否理解，是否背离了知情同意权设置的目的。

（二）理性患者标准说

合理患者标准说认为，患者自己行使决定权所必需的情报是否予以说明是判断的标准，而医师应就他所知向患者作出的说明，应是医师对一般处于该患者位置上的有清醒意识的人均希望了解的情况。[1] 理性患者标准说着眼于患者的自主决定权，认为知情同意的目的不仅是获得患者的同意，而且更重要的是通过医师的说明使患者能够有能力来判断是否接受该医疗行为。该理论的支持者认为采取该标准的理由为：（1）理性患者标准能够保护患者自主选择的权利，使医师遵守对患者的诚信义务，也有效地否定了患者滥用自己的权利；（2）患者不需要再提供专家证言来证明

---

[1] 张妍妍：“医疗责任中的‘告知同意’理论”，见王军主编：《侵权行为法比较研究》，法律出版社 2006 年版，第 556 页。

行业标准，大大减轻了患者的举证责任。

理性患者标准固然避免了医疗父权主义，但有人认为该标准以患者和医师之外的“一般人”作为判断标准，也未能完全贯彻患者自主权，因为医师所为之说明虽然符合一般第三人之要求，但未必即表示在具体个案中的患者能够充分了解。另外，医师所面对的都是具体的患者，拥有不同的背景和知识、身体状态，“理性患者”的标准反而使医师无所适从。

（三）具体患者标准说

具体患者标准说则最大限度地贯彻患者的自主决定权，要求医师履行说明义务，要根据每个患者具体需求来决定说明义务的内容。凡依患者的年龄、人格、信念、身心状态，可以确知某种医疗信息为患者所重视，同时医师也有预见的可能时，医师对该信息即负有说明义务。理论上，具体患者标准说最能贯彻患者的自主权，但显然对于医师过于苛刻，而且每位患者的具体情况不同，使得医师的说明义务的范围和程度缺乏客观的标准，因此，这一标准在美国法律实务上只在少数案例中出现。

（四）二重基准说

二重基准说源自日本，其综合了合理患者说和具体患者说的理论，认为以合理患者所认为何种信息在医疗过程中是必须揭露者为准，而在具体病患所重视之信息在医师可预见之情形下亦须告知。医师对于具体病人依“合理病患说”之基准履行说明义务之后，对于该病患主观上认为重要之医疗数据，如为医师所能预见再为解释或说明，兼顾医师所能预见之限制条件，较具人性化。[1]

上述四种标准可以划分为医师标准（以医疗界通常披露的信息为准）和患者标准（以患者作出同意之所需为准）、主观标准（以一具体、个别的医师或者患者为准）和客观标准（以理性医师或患者为准）。相比较而

[1] 陈子平：“医疗上‘充分说明与同意’之法理”，载《东吴大学法律学报》2002年第1期。转引自黄丁全：《医事法新论》，法律出版社2013年版，第171页。

言，患者标准比医师标准更加尊重患者的自主权，理论上说，患者标准中的主观标准（具体患者标准说）更加有利于促进良好医患关系的建立，而客观标准（理性患者标准说）则统一、简洁，便于操作。本书认为以理性病人为判断标准的客观化标准，更加统一、简明、理性和便捷，具有稳定性和确定性，也不会过分加重医方的职业负担，比较合理。

事实上，医师说明义务的种类和程度依赖于大量具体情形，需要在实践中不断地总结和积累。根据有关学者的总结，实务中医疗机构未履行说明义务的情形主要有以下七种：(1) 医疗机构未就其资质向患者履行说明义务，超范围行医造成后果；(2) 医疗机构术前未告知患者手术的目的或性质，以致手术目的完全背离了患者就医初衷，产生严重的损害后果；(3) 医疗机构术前未告知或未充分告知患者手术的风险；(4) 医疗机构术前未告知患者替代性治疗方案；(5) 医疗机构术中擅自更改手术方案；(6) 医疗机构未告知药品毒副作用；(7) 医疗机构未及时履行转诊告知义务，致患者丧失最佳治疗时机。[1] 但是，正如学者所言："一个法律制度也不能夸张地要求医生向病人阐述一切遥远的风险。因为这样做的后果是，许多病人会拒绝实际上对其有利的手术"。[2]

三、损害的界定

在医师未适当履行说明义务的纠纷中，往往是因为患者遭受人身和财产的损害，例如由于医师没有向患者告知某种医疗手段可能产生潜在的风险，患者同意了治疗，治疗后这种风险在患者身上发生并造成患者的损害。需要探讨的是，在基于知情同意权受到侵犯而提起的诉讼中，要求赔偿的"损害"是什么，是实质上的身体和健康的损害，抑或就是患者知情同意权的损害。它直接决定了因果关系的追究和损害赔偿范围的确定。

---

[1] 姜春玲："论患者的知情同意权——判例调查基础上的理论与立法检讨"，载《南京大学法律评论》2006 年秋季号。

[2] [德] 巴尔著，焦美华译，张新宝校：《欧洲比较侵权法（下卷）》，法律出版社 2001 年版，第 371 页。

对此，我国学术界主要有“实际损害说”和“知情同意权受损说”两种不同认识。其中“实际损害说”以王利明教授为代表，认为医疗损害责任中的损害，是指人身伤亡的损害和财产损失。医疗机构在未能尽到对患者的告知义务和取得患者同意的情况下，必须是造成患者损害的结果才需要承担责任。❶“知情同意权受损说”以杨立新教授为代表，认为违反告知义务的医疗伦理损害责任侵害的是患者的知情权和自我决定权，损害事实主要不是人身损害事实（尽管也有人身损害事实），而是知情同意权、自我决定权等民事权利的损害。❷

本书认为，医患关系产生的前提是患者罹患疾病，而且很多医疗手段必然带有风险性，在侵犯患者知情同意权的情形下，“纵使医疗风险的发生是由符合医学常规的治疗方式所造成，但这对病患而言，是有本质上的区别的，是否病患在选择这项危险时认识到造成另外一种危险的其他治疗可能性；或是由于医师对其他的治疗可能性保持沉默而等于强迫病患接受该项治疗”。❸ 据此，尽管患者起诉往往是基于其人身受到损害的事实，但知情同意权所保护的客体并不是健康利益，而是患者决定权。因此对这种权利的侵害并不会直接产生人身损害的后果，而这种后果会间接导致人身损害后果的发生，“该告知义务的保护客体主要是带有人格权色彩的病人自主决定权，而首先不是健康利益。充分履行了告知义务并不能免除治疗失败的责任；医学上毫无瑕疵的治疗也不阻却未充分履行告知义务的责任。”❹ 在医师违反说明义务，患者“错误”地接受医疗措施而产生人身损害和精神损害，是侵犯患者自主决定权的“二次伤害”。综上所述，医

---

❶ 王利明：《侵权责任法研究（下册）》，中国人民大学出版社2011年版，第388页、第432页。

❷ 杨立新：《侵权责任法》，法律出版社2010年版，第442页、第444页。

❸ 黄丁全：《医事法新论》，法律出版社2013年版，第204页。

❹ ［德］巴尔著，焦美华译，张新宝校：《欧洲比较侵权法（下卷）》，法律出版社2001年版，第380～381页。

师违反说明义务所侵害的是患者的自主权，间接地造成患者的财产损失和精神损失。

在患者人身遭受伤害的情形下，精神损害赔偿是必须要承担的。在患者没有遭受人身损失，但是由于医师违反告知义务，对患者确实造成精神痛苦的，也要承担精神损害赔偿。例如日本的“耶和华教众拒绝输血治疗案”，医师未经患者同意对其进行了输血治疗，虽然治疗的结果有利于患者，但对于一个有宗教信仰的患者而言，这样的做法比剥夺其生命还要痛苦。日本最高裁判所最终也裁判被告应当承担精神损害赔偿。

四、因果关系和举证责任

一般医疗过失只需直接判断过失与损害之间的事实因果关系即可确定，但在违反告知义务侵犯知情同意权的案件中，由于该医疗过失与患者所认为的损害后果之间的事实因果关系不是直接的，而是通过影响其决定权产生的损害后果；而且在有损害发生的情况下，往往伴随着多种行为，如何确定这些行为与后果之间的关系本身难度就比较大。“若无则不”规则在侵犯知情同意纠纷中不敷使用。如果遵循“若无则不”规则，原告就必须证明，如果医师诚实地披露了所有信息，就不会有损害的发生，而这是相当困难的，因此一些英美法系国家，出现保护患者知情同意权的需要，对传统的因果关系进行了一定程度的修正，降低患者的举证责任。

例如，在澳大利亚的 Chappell v. Hart 案中，医师查普尔（Chappell）明知患者哈特（Hart）夫人对某一可能发生的风险很介意的情况下，未向患者披露此风险而做了手术，术后该风险果然在患者身上发生。办案的多数派意见持有者法官卡比（Kirby）没有过多纠缠在传统的因果关系中，而是更多利用“直觉”“人之常情和一般观念”。（1）因果关系的判定应取决于责任归属规则的目的和范围，医生有义务“向患者告知拟行的治疗中潜在的实质性风险”，如果未遵守上述标准，将产生法律上的后果，特别是知晓患者对某一风险有明显关注的情况下，如果按法律的要求回应了患者的关注，患者的损害很有可能不会产生，因此，“常识”告诉人们应该在此方面赋加“法律上的责任”。(2)对于此手术风险，患者曾询问医生，医生却没有给予充分的回应，患者很明显是不愿意承担此类风险的，后来风险很快成为现实，“常识”告诉人们，这绝不仅仅是个“巧合”。(3)尽管尚没有证据表明更有经验的医生操刀会减少风险的发生，但是直觉和常识告诉人们，医师的技能越娴熟、经验越丰富，风险发生的可能性就越小。(4)一旦患者证明了医生的义务违反行为和随后马上发生的损害，医生应负证据上的负担来推翻由此产生的因果关系的推定。本案的医生未能做到这一点。在因果关系成立以后，他也未能证明即使患者推迟了手术时间并由更有经验的医生操刀，这位患者也同样面临同样的或实质上的风险。(5)本案医生也未能证明患者的损害无论如何都会发生，因此他无权获得对原告损害赔偿的豁免。❶ 该判例表明，在侵犯知情同意权之诉中，缓和患者因果关系举证责任的主要手段是对于因果关系的推定，可以采用的因果关系的证明方法是：如果能够证明若患者被充分告知实情，患者就会作出不同的选择，因果关系即成立；反之，如果即使患者被充分告知实情，患者仍然会作出同样的医疗选择，则说明因果关系不成立。这也是目前日本的通说。❷

患者应当举证证明医师未能披露其知道或者应当合理知道的信息以及该信息对其决定的实质性影响。在美国法中，原告首先应该证明基于知情同意原则起诉要素之存在：(1)存在患者未知晓的实质性风险、被告未能向原告告知可选的治疗方案、每一治疗方案及其实质性风险；(2)患者得以知晓的话，患者会选择不同的治疗方案或不予治疗（该信息对其选择或决定存在实质性影响；(3)由于患者同意了当前的治疗方案，患者

---

❶ Chappell v. Hart（1998），72ALJR1344（HC of A）. 转引自赵西巨：“论违反告知义务医疗侵权形态之特殊性”，载《山东大学法学评论》2009年第7期。

❷ [日]手屿丰：“医疗与说明义务”，载《判例时代》2005年第1178号。转引自周江洪：“违反医疗说明义务损害赔偿范围的界定”，载《法学》2011年第5期。

已经受到伤害。[1]

五、侵害患者知情同意权的损害赔偿范围

（1）未履行医疗告知义务，但没有诊疗过失，对患者造成人身损害的。医师未尽到适当的告知义务，但在医疗行为实施过程中并没有过错，此时患者的人身损害是单独由于未尽到适当告知义务造成的，此时医方应当承担人身损害赔偿，包括财产损害赔偿和精神损害赔偿，但就财产损害赔偿的数额应当比较患者可能作出不同选择情形下的状态与现有状态之间的差额。

（2）未履行医疗告知义务，且具有诊疗过失，对患者造成人身损害的。在此种情形下，患者的人身损害是由两个以上的原因合并形成的，由于民事赔偿是一种补偿性责任，因此在此种情形下，较为严重的医疗过失吸收合并了违反说明义务的过错，赔偿范围和一般人身损害赔偿的范围一致。

（3）未履行医疗告知义务，没有诊疗过失，且未造成患者人身损害的。如前所述，由于侵犯知情同意权的客体是患者的医疗自主权而非健康利益，因此，即使未造成实际的人身损害，患者也有权主张精神损害。但患者必须有充分证据证明此种精神损害的存在。

六、责任免除的情形

（一）危险性极其轻微

如注射可能产生轻微红肿、轻度渗血，属于一般的医学常识并且危险性极其轻微，无须医师事先说明。

（二）紧急医疗行为

紧急医疗行为是指患者病情危急、生命垂危，不及时采取措施对患者的健康和生命造成严重威胁的情形，在此情况下医护人员应当立即接诊并

---

[1] ［德］巴尔著，焦美华译，张新宝校：《欧洲比较侵权法（下卷）》，法律出版社2001年版，第380～381页。

迅速作出初步判断进而采取相应的处理措施。如果在紧急情况下医生依然遵循知情同意权的一般程序，必然延误抢救时机，最终影响患者健康甚至造成患者死亡。生命权和健康权与知情同意权所表彰的自我决定能力相比，仍具有优越地位，并且在此时，由于病情危重患者处于昏迷或者神智并不清楚的状态，患者的知情同意已不具有现实性，因此，在此种情况下，知情同意权必然让位给医生的自由裁量权。医生的自由裁量权是指在诊疗过程中，采用什么治疗方法、用什么药物、需要什么检查、是否手术等属于医生权利范围内的事，由医生自主决定。医生可以不经告知患者本人或者其近亲属而直接作出适当的医疗行为。我国《侵权责任法》第56条也对紧急情况下的医师自由裁量做了明确规定："因抢救生命垂危的患者等紧急情况，不能取得患者或者其近亲属意见的，经医疗机构负责人或者授权的负责人批准，可以立即实施相应的医疗措施。"

（三）强制医疗行为

患者的知情同意权也会因公共利益的原因而受到限制，尤其在罹患某些传染疾病时，患者的同意权会受到强制治疗制度的限制。例如我国《传染病防治法》第39条规定："医疗机构发现甲类传染病时，应当及时采取下列措施：（1）对病人、病原携带者，予以隔离治疗，隔离期限根据医学检查结果确定；（2）对疑似病人，确诊前在指定场所单独隔离治疗；（3）对医疗机构内的病人、病原携带者、疑似病人的密切接触者，在指定场所进行医学观察和采取其他必要的预防措施。拒绝隔离治疗或者隔离期未满擅自脱离隔离治疗的，可以由公安机关协助医疗机构采取强制隔治疗措施。医疗机构发现乙类或者丙类传染病病人，应当根据病情采取必要的治疗和控制传播措施。"

（四）患者家属及关系人的选择明显对患者不利的

例如美国联邦最高法院1944年针对父母因宗教原因不同意子女接受输血案件的判决认为："当输血是患者所赖以维系生命的必要医疗措施时，为了未成年人的利益，允许医生输血。因为父母不同意为子女输血，不仅自己而且也使子女也成为殉教者。此种宗教自由，宪法不予保障。”❶其强调的仍然是生命价值高于其他的一切价值。

（五）保护性医疗

“保护性医疗是指医方为保护患者的生命健康权益，在某种特殊情况下，对患者隐瞒病情、治疗手段、治疗风险等信息，以免对患者形成不良身心刺激，从而妨碍治疗效果的医疗措施。”❷例如，在罹患癌症的情况下，如果患者本人了解病情往往可能产生极度的恐惧心理，不仅影响医疗效果，而且因情绪紧张导致病情恶化。因此，在类似状态下，医师可以对患者隐瞒病情。但对患者隐瞒病情并不意味着对患方全部隐瞒病情，而是必须对患者的近亲属详细告知医疗信息。

（六）患者放弃

患者明确表示放弃知情同意权也是知情同意原则的例外情形，对此美国的立法和司法上皆为认可，如 Holt v. Nelson 案中认为，当“当患者要求不被告知危险时，医生不需要向其披露治疗危险”。❸患者放弃权利也是其实现医疗自主权的方式，患者的权利放弃应该是“知情”下的权利放弃。医师应当向患者说明权利放弃的后果，同时，对于与生命有关的重大医疗行为不得免除医师的说明义务。

（七）已知信息或应知信息

如果医疗行为涉及的风险等信息是普通人应当知晓或预测到的，或者已经知晓的，则视为患者已经同意，医方不必告知。美国特拉华州法律规定：“对于一个具有普通智力的人可以理智地预计到的危险，医方可以不

---

❶ 郑学宝、李大平：“患者知情同意权”，载《法律与医学杂志》2004 年第 4 期。

❷ 杨自根：“保护性医疗与患者知情同意权冲突的化解研究”，载《医学与哲学》2011 年第 9 期。

❸ 朱苏力：“医疗的知情同意与个人自由和责任——从肖志军拒签事件介入”，载《中国法学》2008 年第 2 期。

予告知。”❶

第五节　医疗产品损害责任

我国《侵权责任法》第59条规定：“因药品、消毒药剂、医疗器械的缺陷，或者输入不合格的血液造成患者损害的，患者可以向生产者或者血液提供机构请求赔偿，也可以向医疗机构请求赔偿。患者向医疗机构请求赔偿的，医疗机构赔偿后，有权向负有责任的生产者或者血液提供机构追偿。”一般认为该条明确规定了医疗产品损害责任，其性质是一种特殊的产品责任。因此，医疗产品责任遵循产品责任的制度，以过错责任为归责原则，并由医疗机构和生产者承担不真正连带责任。本书认为该条款仍有待完善。产品责任是指有缺陷的产品造成他人财产、人身损害时，该产品的制造者、销售者所应该承担的特殊侵权责任。医疗产品属于特殊的产品，因为缺陷医疗产品所造成的损害所应承担的责任就是医疗产品损害责任。

一、医疗产品的界定和范围

（一）产品的范围

关于产品责任中产品的界定，不同法系、不同地域的国家之间存在较大的差距，各国的规定不完全一致，例如1979年《美国统一产品责任法》第102条C款中将产品界定为：“具有真正价值的，为进入市场流通而生产的，能够作为组装整件或者作为部件、零件交付的物品。但人体组织、器官、血液组成成分除外”。但在美国的司法实务中，除以对产品使用者的保护，法官往往采取更广泛更具弹性的产品范围。

1985年《欧同体产品责任指令》第2条规定：“产品指除初级农产品和狩猎产品以外的所有动产，即使已被组合在另一动产或不动产之内。产

❶ 苗青：《患者知情同意权研究》，中国政法大学2006年硕士学位论文。

品亦包括电。”产品的范围比美国法中的规定较为狭窄。但是由于该指令并不要求欧盟各国绝对遵守，各国国内法对于“产品”的范围也有很大的不同。如1987年的《英国消费者保护法》认为产品是指任何物品或电力，且包括不论是作为零件还是作为原材料或其他东西组装在另一产品上的产品，但是未经加工的捕获物和农产品除外。而德国产品责任法将产品界定为动产，包括任何动产，也包括被组合到另一动产或不动产之内的物，但不包括初级农产品。挪威更是将产品的范围扩大到了生产过程中产生的废料。

综合国外立法例及相关国际公约，对“产品”范围的分歧主要存在于以下几个方面。

第一，产品是否仅限于加工的物品。国际上普遍将“工业品”列入产品的范围，而“天然产品”和“农作物”是否属于“产品”存在分歧。天然产品是未经任何人工加工的产品，如原煤、原油、天然气等，而天然产品一旦出现在市场上，就有可能对使用者产生伤害，因此，尽管没有生产者，却有经营者。基于此，美国1978年“哈瑞斯诉西北天然气公司”案，将天燃气视为产品，1973年的《关于产品责任适用法律的公约》对产品的界定也包含了“天然产品。”另外是“农产品”。农产品介于加工产品和天然产品之间，它的形成既有自然因素，也有人为因素。农产品的交易方式也有别于其他商品。因此，一些国家将“农产品”有条件地排除在“产品”的范围之外，一些国家则对农产品不适用严格责任。

第二，产品是否限于动产。国外产品质量法中，均将动产视为产品，但对于不动产是否产品，则有不同的规定。而产品包括不动产逐渐占据主流意见。

第三，产品是否限于有形产品。许多国家规定“电”这种无形物也属于产品的范围。

我国《产品质量法》第2条第2款规定：“本法所称产品是指经过加工、制作，用于销售的产品。”可见我国将“产品”必须具备两个要件，第一，必须经过加工、制作，凝聚人类的一定劳动，纯粹的天然物质不是产品；第二，须用于销售，即以营利为目的而将其转让于他人，而不是自用或用于科学研究。我国产品质量法通过相关法律条文指出产品是用于销售的有形产出物和无形产出物，但不包括天然物品、初级农产品、不动产、电、血液及血液制品、智力产品、军工产品、核设施、核产品，以及服务。我国消费者权益保护法所界定的商品范围为为生活消费所购买的动产和不动产，以及农民购买、使用的直接用于农业生产的用品。从上观之，我国现行产品责任立法对产品概念及范围的界定并不统一，甚至诸法之间有冲突之处。

（二）医疗产品的范围

有学者认为，医疗产品是“患者所需要的、由医疗机构及其医务人员向患者提供的医疗、预防、保健服务的总称。它是医务人员根据患者个体的具体情况，运用医学科学原理，借助于医学技术手段，通过协作劳动，直接作用于患者机体的一系列物质和非物质因素的有机组合”。[1] 根据《侵权责任法》第59条，医疗产品的范围包括“药品、消毒药剂、医疗器械、血液”。本书认为，血液不同于血液制品，不具有“生产”的基本要素，不属于“医疗产品”，对于输血导致的医疗损害本书将专门介绍。因此，本书认为，医疗产品包括药品、消毒器械、血液制品。

1. 药品

我国《药品管理法》第102条规定，所谓“药品，是指用于预防、治疗、诊断人的疾病，有目的地调节人的生理机能并规定有适应症或者功能主治、用法和用量的物质，包括中药材、中药饮片、中成药、化学原料药及其制剂、抗生素、生化药品、放射性药品、血清、疫苗、血液制品和诊断药品等”。据此，药品具有双重属性。一方面，药品具有医药属性；另一方面，药品均具备“加工”和“销售”两个要素，具备“产品”的

[1] 彭诗祥：“试论医疗产品的自然特性”，载《医院管理论坛》2009年第1期。

基本属性。

据此，首先，“药品”仅指人用药品，用于植物的农药和兽药不包含在内。其次，临床用实验用药也不属于“医疗产品”。理由如下：依据《药品临床试验质量管理规范》第68条的规定，试验用药品是指临床试验中的试验药物、对照药品或者安慰剂。本书所讨论的只限于其中的临床试验药物。根据《药品临床试验质量管理规范》第56条，临床实验用药不能用于销售，因此，不具备“销售”要件。保健药品，又称为保健功能食品，国家食品药品监督管理局于2005年颁布的《保健食品注册管理办法（试行）》将保健食品定义为“声称具有特定保健功能或以补充维生素矿物质为目的的食品。即适宜于特定人群食用，具有调节机体功能，不以治疗疾病为目的，并且对人体不产生任何急性亚急性或慢性危害的食品”。可见，保健食品属于食品的一种，具有一定的机体调节功能，以增强机体抵御疾病的能力为目的，但不具有治疗疾病的功能，而且保健食品不产生任何急性亚急性或慢性危害，因而，保健食品不是药品。

对于血液制品，我国《药品管理法》第102条将血液制品作为特殊药品进行规定，可见立法上并未将血液制品与血液归为一类。依据《血液制品管理条例》和《单采血浆站管理办法》的规定，血液制品是由单采血浆站有偿采集血浆者提供的原料血浆，由血液制品生产者进行加工、制作成各种人血浆蛋白制品，并规模化生产用于销售。《药品管理法》也明确将血液制品归类为药品，因此，血液制品属于医疗产品。

2. 消毒药剂

消毒药剂，是医院中用于进行杀灭存在于空气、器械等的病原微生物，使其达到无菌化要求的制剂，如巴氏消毒液、酒精等。现实中，因消毒药剂产生医疗纠纷的案例相对较少。侵权责任法中使用的“消毒药剂”一词在医疗行政管理文件中并没有完全一致的用语。例如2002年生效实施的第三版《消毒管理办法》第49条规定，消毒产品包括消毒剂、消毒器械（含生物指示物、化学指示物和灭菌物品包装物）、卫生用品和一次性使用医疗产品，并没有使用“消毒药剂”一词。较为接近的是《执业医师法》第25条“医师应当使用经国家有关部门批准使用的药品、消毒药剂和医疗器械”，消毒药剂与药品性质相同，归属于医疗产品当无疑义。且我国法律规定只有经过加工制造并进入流通的才能称为消毒药剂，而不是自然界中可以用于消毒的自然物。

3. 医疗器械

根据《医疗器械监督管理条例》的规定，医疗器械是指单独或组合使用于人体的仪器、设备、器具、材料或者其他物品，包括所需要的软件。其用于人体体表及体内的作用不是用药理学、免疫学或者代谢的手段获得，但是可能有这些手段参与并起一定的辅助作用；其使用旨在达到下列预期目的：

（1）对疾病的预防、诊断、治疗、监护、缓解；

（2）对损伤或者残疾的诊断、治疗、监护、缓解、补偿；

（3）对解剖或者生理过程的研究、替代、调节；

（4）妊娠控制。

由于医疗器械是需要经过国家审批才可制造并销售，且作用于人体的物质，因此，医疗器械也理所当然在“产品”的范畴内。

二、医疗产品的缺陷

（一）医疗产品缺陷的界定

各国法律大多没有对于医疗产品缺陷的特殊规定，因此在医疗产品缺陷的认定上适用产品缺陷的相关法理。《美国侵权法重述》（第二版）规定，产品缺陷是指离开销售者时，产品具有的对最终消费者的不合理缺陷。[1]《欧共体产品责任指令》认为缺陷是产品不能提供人们有权期待的

[1] 许传玺、石宏、和育东译：《侵权法重述第二版：条文部分》，法律出版社2012年版，第45页。

安全性。❶《日本制造物责任法》中将缺陷定义为制造物欠缺通常应有的安全性。❷ 我国《产品责任法》第34条规定:“缺陷是指产品存在危及人身,他人财产安全的不合理危险;产品有保障人体健康、人身、财产安全的国家标准、行业标准的,是指不符合该标准。”《质量管理体系——基础和术语》(GB/T 19000—2000)规定:“缺陷是指未满足与预期或规定用途有关的明示的、通常隐含的或必须履行的要求或期望。前者涉及不合理危险”。前者涉及不合理危险以及专业标准,后者则涉及未满足预期或者期望。因此,各国表述虽有差异,但内在含义大致相同,即产品“存在不合理危险”和“不能满足人们对产品安全性的一般期待”。“不合理危险标准是人们有权期待的安全性,即一个善良人在正常情况下对一件产品所应具备的安全性的期望;强制性标准是国家和行业对某些产品制定的保障人体健康、人身和财产安全的专门标准。”❸

参照产品缺陷的概念,医疗产品缺陷是指经过制作加工并进入流通领域且以产生经济利益为目的的医疗产品,在其设计、制造、指示、跟踪观察及合理使用过程中存在危及人身、他人财产的不合理的危险,❹ 以及未能满足人们对医疗产品安全性的一般期待。

(二)医疗产品缺陷的认定标准

药品是一种特殊的产品,对药品缺陷的探讨建立在产品缺陷的理论之上。

在判断产品缺陷的诸多理论中,最常被应用的两个认定标准是“消费者期待标准”和“成本效益标准”。根据“消费者期待标准”,缺陷是指产品缺乏消费者或者使用者有权期待的安全性从而对消费者或者使用者的

❶ 中国应用法学研究所编:《侵权责任法疑难问题案例解读》,法律出版社2011年版,第118页。

❷ 于敏:《日本侵权行为法》,法律出版社2006年第2版,第330页。

❸ 杨立新:“论医疗产品损害责任”,载《政法论坛》2009年第2期。

❹ 邵振、田侃:“试论医疗产品缺陷的概念”,载《价值工程》2012年第16期。

人身或者财产具有不合理的危险。成本效益标准是通过权衡产品的风险和效用来确定产品是否存在缺陷的认定标准，事故预防成本小于可能发生的损失而未予以预防，产品就被认定存在缺陷。在医疗产品缺陷的认定上，是否同样适用上述判断标准，则需要进行探讨。

1. 对消费者期待标准的探讨

消费者期待标准源自美国，是指产品没有达到一般消费者的合理期望，而被判定产品存在缺陷的依据。其具体判断标准就是以普通消费者的合理期望为基准来判断产品的安全性。如果存在功能障碍的产品使得一般消费者对产品功能的合理期望受挫，就可以认定产品是有缺陷的。因此，普通患者的合理期望是决定其是否存在缺陷的核心内容。但是，消费者期待标准的一个最重要缺陷是其含义模糊，缺乏一个明确的标准。而且，通说认为，在产品结构和功能比较复杂，科技含量高的情形下，消费者不能形成合理的期望，消费者期待标准的适用就受到限制。

医疗产品具有高度的专业性，对于一些生活中常用的，患者比较常用的医疗产品，可以适用消费者期待标准，但是对于绝大多数医疗产品而言，其具有高度的专业性，普通消费者不具有相应的知识对其安全性产生合理的期待。因此，在医疗产品侵权责任领域，适用消费者合理期待具有较大的局限性。

2. 对成本效益标准的探讨

成本效益标准通过对产品的有用性与危险性的比较，检查是否采取了适当的安全确保措施，以判定产品是否存在缺陷。依据该标准，主要看一个合理的其他设计或者警示能否以合理的成本，降低该产品所带来的可以预见的风险。如果产品能够采取其他合理的设计将有关产品的风险最小化而变得更安全，该产品就存在缺陷。《美国侵权法重述：产品责任》（第三版）规定，对药物、疫苗、医疗器械和血液制品不适用风险效益标准，主要是为了鼓励生产者研发更加先进的医疗产品。虽然某些医疗产品存在很大风险，但是它们所针对的疾病往往是致命的，生命的延续与医疗产品给患者带来的风险相比享有优先权。

3. 医疗产品缺陷的判断标准

我国在认定产品缺陷时没有明确的法律标准，主要依据产品质量法中对于产品缺陷的定义来认定产品的缺陷，即关于产品的缺陷采取双重标准：一是“产品存在不合理危险”，二是“不符合国家标准、行业标准”。但是，存在的问题是，其一，“产品存在不合理危险”如何判断，法律并未提供进一步的解释和说明。其二，如果产品符合强制性标准，但仍然造成消费者的人身和财产损害，是否是缺陷产品。医疗产品缺陷应该区分药品和医疗器械分别观察。

（1）药品缺陷。根据我国产品责任法的规定，我国对产品缺陷采取的是“强制性标准”与“不合理危险”双重标准。强制性标准是指“产品有保障人体健康、人身、财产安全的国家标准、行业标准”。具体到药品领域，我国目前除中药饮片和中药材还存在地方标准外，其他所有药品都实行国家药品标准。国家药品标准一般分为中国药典、局颁或部颁标准及药品注册标准。药品注册标准是国家药监局批准给申请人的特定药品标准，可理解为企业标准，适用于特定的新药及仿制药，是对药品的质量规格、检验方法以及生产工艺等的技术要求，是药品生产、供应、使用管理部门评价药品质量的法定依据。因此，药品标准本质上是药品的质量指标，是划分合格药品与假药、劣药的分界线，而药品缺陷则是对于药品的安全性的缺陷，在实践中，存在大量的药品损害问题，药品虽然符合药典标准，但是仍然对患者造成损害。如果对这类案件排除适用药品缺陷的侵权责任，显然不利于患者。因此，药品标准并不是药品安全的标准，也不是衡量药品缺陷的标准。

因此，对于药品缺陷的判断标准应做特殊考虑，药品缺陷的认定应对处方药和非处方药区别对待，对于处方药的缺陷判断以医师的预期为基础，兼对药品进行成本效益分析；对非处方药的缺陷判断可采消费者期待

标准。❶

（2）医疗器械缺陷。医疗器械本身作为高风险的科技产品不可能不存在任何风险，法律一般允许其存在合理的风险，即“医疗器械产品不良事件”，是指获准上市的、合格的医疗器械产品在正常使用情况下，发生的或可能发生的任何与医疗器械预期使用效果无关的有关事件，对于医疗器械可能出现的不良反应，应该在医疗器械的说明书或者标签上做充分的说明。“医疗器械产品不良事件”不能单纯地用侵权责任处理。

（三）医疗产品缺陷的分类

1. 设计缺陷

设计缺陷是指药品和医疗器械的设计中存在的结构、配方等方面的错误，从而导致该医疗产品存在未预期的不合理危险。例如，心脏瓣膜的生产者在瓣膜设计时，将心脏瓣膜的开口设计的过大，将其应用到临床时，可能会导致开放性卡瓣状况的出现，不但不能起到治疗的作用，还会对患者造成栓塞，极有可能导致病情的恶化。例如，药品设计缺陷就包含药品的配方不合理、安全用药剂量规定不合理、有效期限的规定不合理、适应症与禁忌症规定不合理、配伍禁忌不合理、包装和储存条件规定不科学等。

2. 制造缺陷

医疗产品的制造缺陷，是指医疗产品本身不应当存在危及患者人身、财产安全的不合理危险，但是由于原材料的加工、制作、装配、程序等工艺上的原因，导致医疗产品不能达到其应当具备的技术性标准，存在危及患者人身、财产的不合理危险。例如，关于整形的一些软组织填充物，由于其材料的特性，会出现沿脸部重力方向移位或者受肌肉活动挤压产生移位而导致出现脸部外观畸形的情况，给患者造成严重的心理阴影和精神障碍。

❶ 宋跃晋：“药品缺陷的法律分析”，载《河北法学》2010 年第 11 期。

3. 指示缺陷

指示缺陷，即由于医疗产品作为一种不可避免的不安全产品的特质，本身就具有一定的危险性，但是由于生产者未能明确告知患者使用时的注意事项，而使该医疗产品存在危及患者人身、财产的不合理危险。

4. 跟踪观察缺陷

医疗产品尤其是药品具有比一般产品更高的风险性，药品上市后的观察责任与其他产品相比更加重要。药品跟踪观察缺陷是指对已经处于医疗过程中的医疗产品进行的安全性评价，对因为科学技术水平存在局限性尚不能发现的医疗产品缺陷，法律赋予医疗产品责任主体的跟踪观察义务，如果相关责任主体未能进行使用中或使用后的跟踪观察义务，或者发现缺陷未能及时采取召回措施，给患者造成损害的，就构成医疗产品跟踪观察缺陷。

药品企业在药品上市销售后，需承担的观察义务主要是收集药品不良反应的信息、新的资讯报告说明以及有害药品的召回等义务。药品上市后，它的有效性和安全性需要通过安全监视制度（Post - Market Surveillance）来保障。

三、医疗产品损害的归责原则

侵权损害责任的确定离不开归责原则，归责原则反映立法者对于特定侵权行为的价值判断。根据上文分析，医疗产品损害属于产品责任的特殊形式，在归责原则上也与产品责任一致，医疗产品的制造者应当承担严格责任。但是，由于医疗产品不是普通的产品，其在患者的疾病治疗中发挥作用，一般不能由患者单独使用完成，需要医疗机构的医务人员的参与，因此，医疗机构的医务人员是医疗产品的生产者和患者之间的桥梁，在医疗产品致害场合，医疗机构是否也要承担无过错责任，成为必须解决的问题。我国《侵权责任法》第59条显然将医疗机构与医疗产品制造者视为一体，患者可以选择向生产者或者医疗机构请求赔偿。患者向医疗机构请求赔偿的，医疗机构赔偿后，有权向负有责任的生产者或者血液提供机构追偿，即许多学者所界定的医疗产品责任不真正连带责任。其中，医疗产品生产者对于患者承担无过错责任，但是医疗机构对患者承担究竟是过错责任还是无过错责任，并没有清晰的界定。

（一）医疗产品的生产者责任之归责原则

一方面，医疗产品责任属于特殊的产品责任，而产品责任适用无过错责任或者严格责任是世界立法通例，采取无过错责任或严格责任最符合保护消费者权益，最符合“谁受益谁承担风险”的罗马法原则，产品生产者销售商品赚取利润，自然应当对其产品缺陷所造成的风险承担责任。上述理由在医疗产品致害领域同样适用。另一方面，采取无过错责任，还可以督促医疗产品生产者改进产品设计，完善对药品生产的监督和管理，提高药品生产的安全性，客观上减少医疗产品损害。

（二）医疗机构承担责任之归责原则

《侵权责任法》第59条规定，在医疗产品缺陷致损责任中，医疗机构与医疗产品的生产者承担连带责任，但并未明确医疗机构承担责任的性质及所适用的归责原则。

明确医疗机构在此种情形中的法律地位有助于厘清医疗机构的责任。在国外医疗器械侵权责任立法中，将医疗机构医疗服务人员称为专业中间人（Leaned Intermediary），只有专业的医护人员有能力理解医疗器械所涉风险的重要性，对特定形式的处方治疗进行优劣评估，因此，向病人提供特定情形下被认为适当信息的义务就转到医务人员的身上，病人据此能够对治疗作出经过认知的选择。[1]

对于专业中间人在医疗产品损害责任中的责任承担方式，美国1986年的一个判决具有一定的代表性。该案原告卡法佐起诉中央医疗卫生服务公司就其植入被告体内的装置瑕疵承担严格责任。法院判决责任认为不宜因医疗器械之瑕疵让医方承担严格责任，理由如下：（1）病患进入医院，

[1] 肖永平等译：《侵权法重述：产品责任》，法律出版社2006年第3版，第208页。

并非在于购买药品、绷带、碘酒、血清或血液，而在于获得医疗过程，以获得健康。（2）就医疗服务而言，医师或医院只有在提供医疗服务具有过失时，才需要承担责任。但是本案的被告并未主张医院或者医师使用医疗器械具有过失。（3）医院或医师对于医疗器械的研发、制造及销售并无影响力，由于设计或者制造产品有瑕疵，对医院或者医师课以严格责任，并不会使该产品更趋安全。（4）就产品流通而言，被告也没有比消费者更具有控制能力。（5）如果只因为被告较有能力分散损害赔偿之成本，就对被告课以严格责任，将使严格责任的目的仅在于寻求富有财力的被告负责，这是十分不妥当的。❶

本书认为，医疗机构并非医疗产品的销售者，并且随着我国以“医药分家”为前进方向的医疗体制改革的深入，药品加价销售这一做法会成为历史，医疗机构充当药品“销售者”的角色将逐渐弱化和淡去，医疗服务机构的功能将逐渐趋于单一。医疗机构此处应该承担的仍然是过错责任，即只有在患者能够证明医疗机构确实具有过错的情形下，才能就医疗产品致损要求其承担赔偿责任。

四、医疗产品责任的因果关系

医疗产品责任关系追究医疗产品缺陷与患者损害之间的引起与被引起的关系，即存在缺陷的这一事实是引起的原因，而患者造成的损害事实则为被引起的后果。医疗产品的责任由于医疗产品是高度专业化的技术产品，不具有医学专业知识的患者很难证明医疗产品的缺陷是造成损害的原因，或者医疗产品缺陷对损害的发生究竟起到什么作用。

（一）医疗产品责任因果关系的特殊性

1. 事实因果关系判断困难

在一般侵权诉讼中，因果关系往往简单直接。但在医疗产品侵权诉讼中，因果关系的证明就绝非易事，一方面，由于医疗产品具有高度的技术

---

❶ 王岳、邓虹：《外国医事法研究》，法律出版社2011年版，第160页。

性和专业性，普通的患者缺乏专业的医学知识和药理知识证明损害与医疗缺陷之间的因果关系。另一方面，医疗产品损害尤其是药物损害往往具有一定的潜伏期，定剂量药品的毒性累积而导致的结果，要经过相当长的时间才能显现，加之患者自身疾病的作用、特异体质介入等都为事实因果关系的判断增加了难度。

2. 因果关系举证困难

由于医疗产品的专业性、对药学和药理知识的高度依赖，患者没有专门的知识和途径对于医疗产品缺陷的致害原理进行深入的调查分析，也往往缺乏经济能力进行大量的调查和分析，从而在举证责任上处在劣势。假如遵循传统的因果关系举证规则，患者方往往无法证明事实上因果关系的存在，从而导致因果关系证明无法完成，承担败诉的结果，这样就无法实现医疗产品责任领域适用无过错责任的立法目的。因此，在司法裁判中，逐渐出现了一些特殊的因果关系证明规则，以助力患者等弱势群体的举证义务。

（二）医疗产品责任因果关系证明的特殊规则

由于医疗产品缺陷致损诉讼中，原告举证往往难以达到“若无则不”的证明标准，因此，减缓原告的举证责任和降低举证标准。日本在公害诉讼中所采取的盖然性因果关系规则和疫病因果关系规则能够起到减缓举证责任，降低证明标准的功能。

1. 盖然性因果关系规则的适用

依照盖然性因果关系规则，事实因果关系的举证责任在形式上仍然由原告负担；但是原告对事实因果关系的证明程度只需要达到“相当程度的盖然性”即可，而被告必须对“事实因果关系不存在”提出证明，其证明程度必须达到“高度盖然性”，否则法庭就可以认定事实因果关系成立。[1] 其实质是推定因果关系的成立，被告可以通过举证推翻该因果关系

[1] 夏芸：《医疗事故赔偿法——来自日本法的启示》，法律出版社 2007 年版，第 181 页。

的存在。例如在疫苗致病案件中，疫苗致病的原因非常复杂，需要规范的科学研究和调查，而且接种疫苗本身就有一定的风险性，如果采取高度盖然性的证明规则，就可能陷入无休止的科学争论而使受害人无法得到救济，采取“盖然性”规则，降低原告的证明标准，同时允许被告可以通过举证推翻因果关系的成立，更加符合医疗产品侵权责任的特点。

2. 流行病因果关系规则的使用

流行病因果关系规则又称做疫学因果关系，是在公害案件中逐渐发展起来的因果关系规则，是借助统计学上的概率问题来证明因果关系存在的规则，根据流行病因果关系规则，当因子与疾病之间的关系，即使不能从医学、药理学等角度进行详细的法则证明，但根据统计和观察，认定其间具有高度的盖然性时，就可以肯定存在因果关系的理论。疫学因果关系理论本质上是一种事实因果关系推定理论，它不是依靠科学经验法则直接证明因果关系，而是根据疫学统计的事实和规律，来推定行为与结果之间的因果关系。具体而言包括四个方面的内容：（1）该因素作用于该区域已持续一定期间；（2）该因素出现前在该区域未发现有某一特定损害；（3）相同条件下，该因素不作用的区域没有出现某一特定损害结果；（4）在医学上已经证实该因素有导致某一特定损害结果的可能或这种可能不与医学原理相矛盾。例如，在德国的 1970 年“擦里刀米德案”中，许多在妊娠期间服用了品牌为“擦里刀米德”的安眠药的妇女，生下的孩子多有先天性畸形，但当时的科学无法证明安眠药对于胎儿先天性畸形的发病机理。德国裁判所根据疾病的发生频度、地理分布以及药品的销售量、被害人服用药品的时间，推定“擦里刀米德”安眠药是疾病的发病原因，追究了被告的责任。❶

流行病因果关系适用于群体性药品侵权事件，由于其要考虑统计学上

❶ ［日］藤木英雄著，丛选功等译：《公害犯罪》，中国政法大学出版社 1992 年版，第 29～33 页。

的概率问题，因此在少数药品侵害事件中，由于缺乏统计的基础，则无适用的余地。

3. 我国在药品侵权司法实践中的因果关系

根据我国《民事诉讼法》第64条和最高院《关于民事诉讼证据的若干规定》（以下简称《证据规则》）的规定，我国在举证责任上采取“谁主张，谁举证”的举证规则，并采取高度盖然性的证明标准。针对食品和药品的特殊性，2013年出台的《最高人民法院关于审理食品药品纠纷案件适用法律若干问题的规定》第5条第2款作出了相对于《证据规则》第73条确定的高度盖然性证明标准的特别规定。由于该条规定承认了食品药品侵权领域因果关系证明上的盖然性证明规则，因此，对于药品缺陷责任因果关系的证明标准不必达到高度盖然性的程度，

根据《最高人民法院关于审理食品药品纠纷案件适用法律若干问题的规定》第5条第2款的规定，消费者举证证明因使用药品受到损害的，初步证明损害与使用药品存在因果关系，即完成了对于因果关系的证明责任；除非药品的生产者或销售者能证明损害不是因药品不符合质量标准造成的。尽管对于“初步证明”的含义尚较为含糊，并且更多依赖于法官的自由裁量，却不可否认“初步证明”的程度绝对低于《证据规则》中的高度盖然性标准。

五、医疗产品责任的免责事由

医疗产品责任虽然是无过错责任，但也存在抗辩事由，《产品质量法》中关于产品责任的一般除外规定同样适用于医疗产品，同时，还存在针对医疗产品的特殊的抗辩事由。

（一）一般免责事由

参照《产品质量法》第41条第2款，医疗产品的生产者能够证明下列情形的，不承担侵权责任：（1）医疗产品的生产者并未将药品、消毒药剂、医疗器械等医疗产品投入流通，即致害的医疗产品并未出厂进行销售；（2）药品、消毒药剂、医疗器械等医疗产品投入流通时，引起损害

的缺陷尚不存在；（3）医疗产品的生产者将上述医疗产品投入流通时，科学技术水平尚不能发现缺陷的存在。但是，如果医疗产品的生产者未尽到跟踪观察的义务，则第三种情形属于跟踪观察缺陷，不能主张抗辩。

（二）特殊免责事由

医疗产品作为应对疾病的手段，在治疗疾病的同时有时不可避免地会对患者造成其他的伤害，例如药物不良反应、药物的副作用等。这些属于“合理缺陷”，是患者必须接纳和忍受的。

1. 药物不良反应

药物不良反应（Adverse Drug Reactions，ADR）是指正常剂量的药物用于预防、诊断、治疗疾病或调节生理机能时出现的有害的和与用药目的无关的反应。几乎所有的药物都会有不良反应，只是反应的程度和发生频率不同。药品不良反应致害与药物缺陷致害具有本质的不同，药物不良反应是因为医学知识和技术的局限性造成的，并且与患者的个体状态也有密切的联系，是药品生产者无法控制的因素，因此，不具有可归责性。

2. 预防接种异常反应

预防接种异常反应是指合格疫苗在规范接种的过程中，或者完成接种之后，在相关方均无过错的情况下，出现了接种人人身损害后果的特殊异常反应。我国《疫苗流通和预防接种管理条例》规定，如果因为预防接种发生异常反应导致接种者严重残疾或器官组织损伤，甚至死亡的，应当给予一次性补偿。接种者的人身损害是由第一类疫苗引起的，补偿费用由省、自治区、直辖市的人民政府财政部门在其相关的工作经费中予以支付；接种者的人身损害是由第二类疫苗引起的，补偿费用由疫苗的生产者承担。根据上述法律的规定，对因出现预防接种异常反应造成损害的接种者实行的是补偿政策而非赔偿政策，由此可见，因预防接种出现异常反应致害不构成侵权，疫苗生产者不承担赔偿责任，基于公平原则，仅承担补偿责任。

第六节　输血感染损害责任

在现代医疗中，输血是一种常见的临床治疗措施，主要用于外科手术备血以防失血太多。而人类进行输血的历史可以追溯到公元前，西方医学史上最早进行输血实验的是法国的丹尼斯。1667 年 6 月 15 日，他把一只羊身上的血输给一个 15 岁的男孩。输血是用银质管子连接小羊动脉与人体静脉的办法来进行的。由于这种输血方式造成严重危险，这种输血方法很快遭到谴责和禁止。直到 1818 年，英国的布伦德利用注射器在伦敦盖伊斯医院进行的输血，是首次成功的输血。奥地利病理学家兰德斯坦以及后来捷克血清学家詹斯凯发现人类有四种血型，从根本上解决了血凝结构的问题：在输血前必须进行血型检查，输血者和受血者的血型必须相容。对各种血液适应性的认识，终于使输血变得安全。但是输血技术尚未到达完全安全的程度，由于血源本身含有病毒，或者在采取、储存、运输的任何一个环节都可能感染病菌、发生变质或者由于医生的疏忽而导致患者在输血后发生不良反应。我国因输血患肝癌的发病率为 20% ~30%，因血液和血液制品感染艾滋病的人数占 1.5%。❶ 因此，随着输血量的大幅增加，以及人们维权意识的兴起，输血纠纷层出不穷，据统计自 1998 年《献血法》颁布实施到 2012 年 8 月，全国 357 个采血机构共有 72 个采供血机构报告输血医疗纠纷 359 例，其中 333 例为因输血感染疾病而导致的纠纷案件。❷ 输血感染是指患者在医疗过程中被输入了带有病毒或者细菌的血液或者血制品，给身体带来巨大的损害。医学上的输血感染可以分

---

❶ 邓婷：“缺口越来越大，献血容易用血难，血荒其实是信用荒”，载《重庆日报》2014 年 3 月 15 日，第 14 版。

❷ 叶萍、张磊、高勇、孟庆丽、梁小华、安万新：“全国 357 家采供血机构医疗纠纷赔偿情况的调研与思考”，载《临床血液杂志》2013 年第 26 卷第 12 期，第 863 页。

为三类：第一类是输血导致溶血反应，比如输入不同血型的血引起死亡；第二类是输血导致细菌感染，例如输血后罹患败血症；第三类是输血导致病毒感染，例如因为输血感染乙肝、丙肝、梅毒或艾滋病。[1] 本书主要研究第三种输血感染。

针对输血感染的法律纠纷，在立法层面上，《侵权责任法》作出了原则性规定，该法第59条规定："因药品、消毒药剂、医疗器械的缺陷，或者输入不合格的血液造成患者损害的，患者可以向生产者或者血液提供机构请求赔偿，也可以向医疗机构请求赔偿。患者向医疗机构请求赔偿的，医疗机构赔偿后，有权向负有责任的生产者或者血液提供机构追偿。"可见，侵权责任法将血液和药品、医疗器械当做相同类型处理，其性质是特殊的产品责任。在司法层面，最高人民法院关于《民事案由的规定》中，将与医疗有关案由区分为"医疗服务合同纠纷""侵犯患者知情同意权责任纠纷"和"医疗产品责任纠纷"，并未将输血感染作为单独案由，因此实务中常常将输血感染纠纷归属为"医疗责任产品纠纷"。但是，最高人民法院于2011年下发各级法院征求意见的《关于审理医疗损害责任纠纷案件适用法律若干问题的解释（征求意见稿）》在第1条第1款规定："（医疗损害责任纠纷、患者一方及医疗产品的概念）本解释所称医疗损害责任纠纷，是指患者一方要求医疗机构、医疗产品生产者或者血液提供机构承担医疗损害责任而引起的民事侵权纠纷。第3款规定："医疗产品是指药品、消毒药剂、医疗器械。"这似乎表明最高人民法院已改采"血液并非医疗产品"的立场。因此，关于输血感染纠纷的法律性质以及相应的法律责任，还需要进行深入探讨。

一、"临床输血用血液"的法律属性

（一）我国的理论争议

血液的法律属性决定了输血感染的损害赔偿的法律适用。目前探讨的

[1] 朱大年：《生理学》，人民卫生出版社2009年版，第47页。

焦点是“血液”究竟是否属于“医疗产品”，与此相应，输血感染究竟是否可以对照产品责任而使用无过错归责原则。“血液”指临床输用的血液，包括全血和成分血。而血液制品则是指通过对血液进行加工、制作，并规模化用于销售，例如人血白蛋白注射液、静脉注射用人体免疫蛋白等。无论其性质或者用途均以药品的形式销售使用，因此，其属于“医疗产品”。

很多学者认为临床输血用血液属于产品，由血站供应给医院的血液，是为了治疗疾病而供应给患者的特殊商品。因此，由于输血感染而引起的损害，应当比照产品责任法中关于缺陷产品的规定，适用无过错责任，即使医院或者供血机构没有过错，也应对患者承担损害赔偿责任。这种观点体现在我国《侵权责任法》第59条的规定之中。也有学者认为输血所用血液不是产品，因为产品责任针对的是机械化生产的工业产品，而输血所用血液并不是工业产品，并且产品责任法所规范的产品是经过加工并用于销售的。加工往往意味着工业产品原料的外观和性能发生重大的改变。而输血用血液在从人体输出后，进行的仅仅是分装和保管及运输，虽然对其加入了抗凝剂，但其目的仅在于方便储存，并未改变血液的性状，其性质完全不同于加工。另外，供血机构供血和医院输血都不是营利行为，其收取费用仅仅是成本费，所以输血用血液也不属于产品。血液的性质类似于器官移植，目的是满足患者的需要。❶

（二）欧美关于输血用血液是否产品的规定

《美国统一产品责任示范法》明确将血液及血液制品排除在产品范围之外，目前绝大多数州接受了该规定。并且绝大多数州出于保护医疗机构利益及保障其服务质量的考虑，通过血液免责法将制造或提供血液和血液制品视为提供服务，而不是产品，要求提供者承担过错责任。例如，在美

---

❶ 尹志强：《医疗损害责任例解与法律适用》，人民出版社2010年版，第221页；梁慧星：“输血感染案件的法律适用——民法学家梁慧星教授答读者问”，载《人民法院报》1998年9月29日，第3版。

国的 Perlmutter v. Hospital 案中，患者在治疗过程中因输血而感染黄疸病毒。医方不存在过失问题，因为不存在测试此种血液污染的手段。患者寻求的是货物销售法案下的救济，认为应存在这样一个默示担保，即血液应适用其用途并具有可销售质量。在此案中，法院认为，血液的提供完全是附属性的，它完全附属于医院所提供的技能服务，因此货物销售方面的立法是不能适用的，这是因为“如果法院将血液提供或者其他医学辅助材料的提供视为销售，这将意味着，如果不好的血液使患者遭受了什么，不管医院如何仔细，也不管导致疾病的物质如何不可能被发现，医院都要承担责任，就像保险公司的责任一样”。❶ 而且，不同于一般的生产商品，血液是含有一些潜在的风险的。可见，在美国，“血液”并不被视为产品。但在之后美国爆发了大量的血友病患者因输血感染的事件，美国法院所坚持的过错原则受到了批评，1966 年新泽西州最高法院审理的“司尼德诉美国血库协会”一案和 1992 年科罗拉多州最高法院在“昆塔娜诉血液服务机构”一案中，在整个血库所遵守的普遍标准存在缺陷的前提下，医院和血站不能免责，因此因输血而给患者造成损害时，仍应承担责任，从而间接承认了无过错责任。❷

在欧洲，1985 年《欧共体产品责任指令》“产品”范围涵盖了血液及其相关产品，此后许多欧盟成员国针对日益严重的输血感染问题设立了相应的产品和保险责任。如德国针对输血感染问题建立的专项输血赔偿基金和医院责任保险。

（三）日本法关于输血用血液是否产品的规定 *

日本法并未对血液与血液制品在名称上进行严格区分，而是统称为

---

❶ Perlmutter v. Beth David Hospital，123 N. E. 2d 792（N. Y. 1954）. 转引自赵西巨：《医事法研究》，法律出版社 2008 年版，第 167 页。

❷ 王岳：《医事法》，对外经贸大学出版社 2010 年版，第 198 页。

* 李雯静：“论输血及血液制品感染的侵权责任——基于日本法上的经验”，载《时代法学》2014 年第 4 期。

“血液制剂”。日本法上的血液制剂可分为“全血制剂”“血液成分制剂”“血浆分化制剂”三类。其中，全血制剂与血液成分制剂被称为“输血用血液制剂”，可对应我国法上的“血液（包括全血与成分血）”；血浆分化制剂是指用化学或物理方法对血液中的血浆部分进行分化后提取的血浆蛋白制品，可对应我国法上的“血液制品”。在日本理论和实务中，对于血浆分化制剂属于产品没有争议，但对于“输血用血液制剂”是否属于产品存在重大争议。1994 年 6 月 11 日，日本输血学会发表“输血学会对将输血用血液纳入产品责任法对象的意见”声明，主张“输血用血液”不宜纳入产品责任法的规制对象，其理由如下：(1) 输血用血液，包括全血血液与成分血液都只经过基本加工而未经过高度化加工；(2) 血液来源均取自献血血液，且采血的日本红十字会属于非营利性组织；(3) 如果追求完全的血液安全，避免窗口期感染，必须在采血时对献血者的私生活进行详细询问，这样不仅容易侵犯献血者的隐私权，而且会使得输血用血液的制造陷入一时的中止状态。与此相对应，当时的日本律师协会会长土屋公献发表了反驳意见，其主张如下：(1) 输血用血液在被添加了保存液和被包装后，对社会进行大量供应，应当属于产品；(2) 输血学会的主张正是导致患者输血后丙肝感染率高发的重要原因，对由于血液检测技术受限而导致的不可避免的疾病感染，不应由被害人个人来承担，而应由血液的利用相关者全体来分担；(3) 把输血用血液纳入产品责任法规制对象的欧盟各国并没有因把血液视为产品而给血液的安全、安定供给带来任何障碍或不利影响。最终日本政府于 1966 年立法，明确表明输血用血液（包括全血血液与成分血液）被添加了保存液与抗凝固剂，被进行了处理，这些行为应当被看做加工行为，因此，将输血用血液解释为产品，从而适用产品责任法。研究国外相关立法，如果将输血用血液界定为产品，适用产品责任，则必须有相应的保险制度来分散。

(四) 本书的观点——输血用血液不属于产品

1. 输血用血液不属于产品

笔者认为"输血用血液"和"血液制品"应当区别对待。血液制品是血液制品生产企业以血浆为原料,采用生物学工艺或分离纯化技术制备,并以生物学技术和分离技术控制中间产品和成品质量的生物活性制剂,包括人血白蛋白、丙种球蛋白和凝血因子。通说认为血液制品属于"产品"。而输血用血液,虽然与人体分离,正如梁慧星先生所言:"血液不是加工、制作的,迄今的科学技术和工业的发展,还不能制造血液。根据经济学基本知识,劳动可以创造产品、财富,但劳动不能创造血液。制造血液是活人身体的机能。"❶ 血站对于血液并不加工制作,仅是对血袋进行分离、冷冻、储存,仅是简单的操作,不属于加工行为。

2. 血站和医疗机构不具有生产者身份

依据我国输血管理体制,临床用输血必须由国家医疗行政机构指定的血站所提供,而血站的血液来自无偿献血,根据《血站管理办法》第2条规定,血站是指不以营利为目的,采集、提供临床用血的公益性卫生机构。因此,血站不具备生产者的身份,其与供血者之间是无偿赠予关系。血站与医疗机构均属于非营利机构,在临床用血液的采集、储存等整个过程中,既没有生产的过程,也没有营利的目的,因此"输血用血液"不能界定为"产品"。我国的医疗机构具有公益性质。按照《献血法》第10条和第13条的规定,血液质量的监测是由血液提供机构来完成的,医疗机构对血液仅需核查。只要医疗机构在核查、储存及使用过程中没有过错,就不应追究其责任。

3. 血液的流转不具有商业性*

血站的血液来自无偿捐献,其于献血者之间成立的是无偿赠予关系。

---

❶ 梁慧星:《裁判的方法》,法律出版社2003年版,第148页。

* 侯国跃:"输血感染损害责任的归责原则和求偿机制",载《社会科学》2014年第2期。

血站将血液提供给医疗机构，收取包括血液采集、储存、分离、检验的费用。而医疗机构血液用于临床给患者输血时，医疗机构向患者收取血站供应价格、配血费和储血的费用，也不是商业销售行为。

二、“不合格”血液的判断

对于血液不合格认定的相关规定主要在 1998 年 10 月 1 日起施行的《献血法》，卫生部制定的 2005 年通过、2006 年施行的《血站管理办法》及《血站质量管理规范》，1999 年施行的《医疗机构临床用血管理办法》《临床输血技术规范》《全血及成分血质量要求》。

（一）血液质量不符合法定标准

血液，包括全血、血液成分和特殊血液成分。血液质量指的应为全血或成分血本身的质量，而法定标准则是通过对全血或者成分血进行规定，以达到对血液质量管理和技术上的要求。按照法律的规定，血站及医疗机构在采供血过程中负有使血液的质量符合法定标准的义务，违反此种义务时，血站及医疗机构应当对因此造成患者损害承担责任。《献血法》第 10 条、第 13 条以及《血站管理办法》第 35 条规定了血站和医疗机构应当保证血液质量的合格。

（二）血液包装等不符合法定标准

《献血法》第 12 条规定：“临床用血的包装、储存、运输，必须符合国家规定的卫生标准和要求。”血站和医疗机构都应当对血液的包装、储存、运输等尽到法定标准的义务。对于血站在血液包装等的要求，《血站管理办法》第 34 条规定：“血液的包装、储存、运输应当符合《血站质量管理规范》的要求。血液包装袋上应当标明：（一）血站的名称及其许可证号；（二）献血编号或者条形码；（三）血型；（四）血液品种；（五）采血日期及时间或者制备日期及时间；（六）有效日期及时间；（七）储存条件。”该办法对于血液的包装有详细的规定，血站在包装血液时尤其是包装袋上应注明规定的内容。《血站质量管理规范》第 15 条第 11 款：“每袋血液在其制备的每一个环节都应经过严格的目视检查，对于血袋有渗漏、损坏和缺陷迹象，疑似细菌污染或其他异常的血液，必须实施标识、隔离和进一步处理。”在发现血液包装袋或者血液本身有异常时，此时的血液包装或者血液本身已经出现了不符合法定标准的情况，应当及时按规定处理。

三、输血感染损害的归责原则

（一）适用过错推定责任原则

理论上，关于适用输血感染责任归责原则主要有以下几种观点：第一种产品责任说。由于一些学者认为血液是产品，因此输血感染责任应当适用产品责任所采纳的无过错责任原则。❶ 第二种过错责任说。梁慧星先生是该说的倡导者，并详细阐明其反对采纳产品责任的主要理由：其一，严格产品责任法的立法目的，是针对机械化、批量化的工业产品，输血用血液不在该立法目的范围之内；其二，输血用血液不符合我国《产品质量法》第2条规定的产品定义，血液的分装、储存、保管、运输及加入抗凝剂，不构成“加工”；其三，血液不是劳动生产的成果，输血也不同于产品销售；其四，鉴于法政策上的理由，对输血案件适用严格责任，将不利于输血和医疗事业的发展。❷ 第三种违反附随义务说。该说认为，医院应该承担保证输血患者不被感染的“结果性附随义务”，如患者被感染，则医院应当承担违约责任；这种违反附随义务的违约责任的归责原则为过错推定责任。而在《侵权责任法》颁布前，我国在司法审判中常常采用公平责任。

本书认为，由于医患关系具有合同法律关系的性质，且通常将其定义为医疗服务合同，因此，在输血感染损害纠纷中，也存在侵权责任和违约责任的竞合，根据我国《合同法》第122条的规定，患者可以选择适用追究违约责任或者侵权责任。在输血感染侵权责任构成中，究竟适用过错

❶ 王利明：《侵权责任法研究》，中国人民大学出版社2011年版，第413页。

❷ 梁慧星：《裁判的方法》，法律出版社2003年版，第149页。

原则还是无过错原则存在较大争议，尽管我国《侵权责任法》第59条将血液与医疗产品并列，对输血感染致损适用产品责任的规定，实际采纳了无过错责任，但本书不能苟同。如上文所述，输血用血液不是产品，因此不能比照产品责任来处理。另外，在输血感染损害中，适用过错责任还是无过错责任，其实质是对输血风险的分配。无过错责任的出现是对于不幸损害的合理分配，以完善健全的保险制度作为基础，以配套的保险机制进行风险的社会化分担。因此，无过错责任一般适用于意外灾害，例如工业灾害、交通事故等，这些危险作业都具有以下共同的特征：（1）是合法而必要的；（2）意外事故发生频繁；（3）损害巨大，受害者众多；（4）事故的发生多为技术缺陷的结果，难易防范；（5）加害人是否有过失，被害人难以举证。而输血并不属于高风险作业，也不具有上述特征。就产品责任实行无过错责任具有政策的合理性：（1）严格责任的实行是针对产品致损这一重大社会问题的法律对策，必须对责任人施加重责。（2）严格责任乃是现代民法基于消费者基本权利，谋求实质上平等的结果。（3）产品侵权属于一种新型的侵权行为，根据工学原理，在产品的设计、制造、检验过程中，即使尽一切必要之注意，仍不能避免有缺陷之产品，若要求受害者负举证证明制造人在生产过程中具有过失，几乎不可能。产品侵权行为的特殊性要求，对传统民法侵权行为理论作大幅度之修正，因而有必要对产品致损的侵权行为适用严格责任原则。（4）对产品责任适用严格责任原则有道德上的合理性。严格责任的基本思想在于对社会生活中所发生的不幸损害之合理分担，在制造商与受害人之间，由经济实力较强的制造商承担风险应属公平。（5）严格责任原则可以促使企业改良设计，完善生产管理，提高产品质量。

（二）区分过错输血损害感染责任和无过错输血感染损害责任

血液质量检测专业性极强，检测中需要完全依赖其采用的检测技术、仪器和试剂来判断血液是否合格。因此，由于上述条件的限制，会出现假性“合格血液”的情况，即技术检验的“窗口期”试剂灵敏度限制的

“漏检”。所谓“窗口期”是指病毒感染后直到可以检测出相应的病毒标记物（病毒抗原或抗体）前的时期。处于窗口期的感染者已存在病毒血症，但病毒标记物检测阴性。例如目前我国对 HIV、HCV 等针对检测抗体，不能检出窗口期的病毒携带者。所谓“漏检”是由于试剂灵敏度的限制所造成，试剂不可能全部检出抗原、抗体阳性的标本。世界公认的优质试剂，其灵敏度也不可能达到 100%。目前我国卫生部要求试剂灵敏度在 95% 以上。因此，针对此类无过错输血感染损害，不宜通过侵权责任进行处理。为维护患者利益，本书认为应当采取社会化的分担机制。

随着医疗改革和“医药分家”制度的推行，血液的获取和供应并不同于一般的医药生产和销售，医疗机构和血站在血液的供应中也并未获利，不以过错为构成要件，不区分过错输血感染和无过错输血感染致害的情形，由医疗机构和血站承担全部责任，会严重加重公益机构的负担，如果医疗机构基于压力，采取防御性医疗，则从长远看有害于患者利益。因此，本书赞成输血感染适用过错责任原则，由医疗机构和血站分别就其过错承担侵权责任。

四、血站或医疗机构的过错的判断

（一）过错的客观性

“过错”作为侵权责任的主观构成要件，其判断标准则更多地具有客观性，以违反“理性人”的“注意义务”为裁判标准，由于医疗行为的高度专业性，医疗过失中的“理性人”更具体化为“合理医师”，其“注意义务”也具体为特定的诊疗规范。而在输血感染中，输血注意义务来源于以下方面：（1）有关法律、法规、规章的规定及规范性文件中的强行性规定；（2）医疗机构工作制度；（3）诊疗护理规范、常规及技术操作规程，具体包括卫生技术国家标准、现行版药典或技术操作规程，省级以上卫生行政部门发布的诊疗规范、培训材料，人民卫生出版社出版的现行版教科书、诊疗常规及实用系列图书；（4）公认的医疗卫生行业习惯。其中，对医疗输血行为进行管理和监控的法律规范主要散见于国务院的少量法规和卫生部的大量规章。由于医疗机构和血站的职能不同，二者分别承担不同的注意义务。

（二）医疗机构的输血注意义务

根据相关的行政规章，❶ 医疗机构的输血注意义务主要包括以下内容：（1）对血液进行形式检验的义务。医疗机构必须严格执行输血前的检验、核对制度，保证临床用血安全。医疗机构应指定医务人员负责血液的收领、发放工作，要认真核查血袋包装上的血站名称及其许可证号、献血者的姓名和血型、血液品种、采血日期及有效期、血袋编号和储存条件等项目。（2）紧急情况下安全用血义务。有原则必有例外，遇到医院因应急用血需要临时采集的情况时，法律突破了只能由血站直接采血的原则。例外必有条件，即使是紧急情况，医院也必须满足以下条件，才能直接采血：首先，边远地区的医疗机构和所在地血站（或中心血库）；其次，危及病人生命，急需输血，而其他医疗措施所不能替代；再次，具备交叉配血及快速诊断方法检验乙型肝炎病毒表面抗原、丙型肝炎病毒抗体、艾滋病病毒抗体的条件；最后，患者血红蛋白低于1009/L和血球压积低于30%时，符合“紧急”输血指征。（3）告知患方输血危险性的义务。决定输血治疗前，经治医师应向患者或其家属说明输血目的、可能发生的输血反应和经血液途径感染疾病的可能性，征得患者或家属的同意，由医患双方共同签署用血志愿书或输血治疗同意书。对无家属签字的无自主能力患者进行紧急输血，应报医院职能部门或主管领导同意、备案并记入病历。（4）确保没有医源性感染的义务。医院必须严格按照卫生部颁布的《医疗机构临床用血管理办法（试行）》《医院感染管理规范（试行）》和《临床输血技术规范》规定的程序进行管理和操作，防止血液病毒通过医疗设备交叉感染和传播。（5）在病历中记录输血过程以备查义务。

---

❶ 《采供血机构管理办法》《医疗机构临床用血管理办法》。

（三）血站的输血注意义务

根据相关行政法规，[1] 血站的输血注意义务主要包括以下具体内容：（1）对血液进行实质检验的义务。（2）提供采血原始记录的义务。应当保证采血原始记录内容真实、项目完整、格式规范、字迹清楚、记录及时，有操作者签名。原始记录至少保存10年。（3）确保血液储运安全的义务。血站应当保证发出的血液质量、品种、规格、数量无差错，血液的包装、储存、运输必须符合血站基本标准的要求。血液包装袋上必须标明血站的名称及其许可证号、献血者的姓名（或条形码）和血型、血液品种、采血日期及有效期、血袋编号（或条形码）和储存条件等项目。

（四）规定输血感染侵权损害的免责事由

在过错归责原则之下，应该规定以下情形为免责事由：患者或者亲属不配合医疗机构的符合诊疗规范的行为；紧急情况下的输血行为；血液处于“窗口期”和“漏检率”；血站或者医疗机构限于技术水平无法检测出潜在病毒。

五、输血感染因果关系的认定

因果关系是侵权责任中最为复杂的理论之一，对因果关系的含义以及判断规则在大陆法系的立法中均没有明确的规定，在英美法系多借助于具体案例，呈现出相当的多样化和不确定性。而医疗损害中的因果关系，由于疾病原因的复杂性、医疗行为的专业性，导致医疗过错的因果关系比一般侵权责任的因果关系更加复杂。输血感染损害因果关系的认定，即在特定案件中，医疗机构的输血行为与输血感染之间的引起与被引起的关系。目前，在普通侵权责任中，采取相当因果关系理论，其判断的基本公式是“but-for”规则和“相当性”两个条件。根据相当因果关系，必须证明如果没有医疗机构的输血行为，患者就不会受到感染。即如果没有医疗过错行为，感染就不会发生，则二者之间就具有因果关系；如果没有医疗过

[1] 《血站管理办法》。

错行为，感染仍然会发生，则二者之间就不具备因果关系。但是，“but－for”规则在输血感染损害场合中，并不具有适用性，因为感染病毒的途径并不是唯一的，以艾滋病病毒为例，它可以通过血液、母婴、不洁的性行为甚至是吸毒所使用的注射器等途径传播，那么在这种情况的实践中，证据并不好收集举证，而如果无法将类似的情况排除，则无法证明因果关系的存在。因此，如果根据相当因果关系的判断规则，就必须排除其他来源、其他途径感染的可能。

据此，有必要减缓原告关于医疗过失中因果关系的证明责任。笔者认为应当借鉴“表见证明”规则。所谓“表见证据”，是“法院利用一般生活经验法则，就一再出现之典型现象由一定客观存在的事实，以推断某一待证事实之证据提出过程”。[1] 在输血感染诉讼中，适用表见证据规则，原告只要举证证明自己受到感染的事实与被告的医疗行为存在初步的因果关系可能性，而这种可能性不需要达到高度盖然性标准。

六、输血感染的责任形态

血站和医疗机构在具有过错的情形下，对患者承担不真正连带责任。不真正连带责任是指多数责任人基于不同发生原因而偶然产生的同一内容的给付，各负全部履行的义务，并因债务人之一的履行而使全体债务人的债务均归于消灭的一种责任方式。不真正连带责任属于广义请求权竞合的一种。

（1）如果医疗机构对使用不合格血液造成患者损害有过错，或者医疗机构强制指定患者适用不合格血液造成患者损害的，受害患者既可以向医疗机构要求赔偿，也可以向提供不合格血液样本的血站要求赔偿。医疗机构承担赔偿责任后，有权向血站追偿。

（2）如果医疗机构对不合格血液造成损害没有过错的，不应当承担

[1] 陈荣宗：《举证责任分配与民事程序法（第1册）》，三民书局1984年版，第60页。

责任，受害者只能向提供不合格血液样本的血站请求赔偿。

（3）医疗机构不能指明血液样本的提供者的，医疗机构应当承担赔偿责任。

七、无过错输血感染的责任分担机制

本书坚持输血感染适用过错责任，因此，基于血液处于“窗口期”和基于“漏检率”而造成的输血感染，以及基于技术水平所造成的输血感染不应由血站和医疗机构承担损害赔偿责任。但是，对于患者而言，其因为输血感染所遭受的痛苦无法弥补。对于此种风险，应该采取社会化分担机制，建立强制责任保险制度。

强制保险又称法定保险，是通过国家颁布有关的法令、法规的形式强制被保险人参加的保险，医疗责任保险如果采取强制保险的模式，意味着法律要求医疗机构必须投保医疗责任保险，也意味着采取法律强制而非市场化模式建构医疗责任保险体系。医疗责任保险的制度价值在于强化对于患者的赔偿保障，采取强制保险模式，可以弥补在自愿保险模式下由于投保人拒绝投保而弱化责任保险对于受害人利益的保障功能，最终到达缓和医患矛盾，减少医患纠纷的目的。我国医疗责任保险属于任意保险，个别省、自治区、直辖市通过发布地方政府规范性文件的形式推广医疗责任保险。投保率过低影响大数法则的运用导致保险公司消极对待。而通过建立医疗责任强制保险制度，并将无过错输血风险作为特项承保范围予以承保。

研究国外立法例，除美国外，大多数国家并未采取纯商业的医疗责任保险，如英国采取互助责任保险，日本采取行业投保形式，加拿大则由全国性的医疗保障联合会提供医疗责任保险。同时，由于医疗行为的高风险性和医疗损害对社会的影响，在医疗责任构成上，国外立法通过各种方式扩大理赔范围，例如美国采取延长理赔期限的方式，英国在理赔时仅以事故发生时医师具有会员身份为唯一的条件等。这些均能实现对于患者利益的保护。

参考文献

一、中文类

（一）著作类

1 陈聪富．因果关系与损害赔偿．北京：北京大学出版社，2006

2 黄丁全．医事法新论．北京：中国政法大学出版社，2003

3 黄风．罗马私法导论．北京：中国政法大学出版社，2003

4 黄立．民法总则．北京：中国政法大学出版社，2002

5 黄茂荣．法学方法与现代民法．北京：中国政法大学出版社，2001

6 高海鹏，高菲斐．侵权案件裁判思路与操作．北京：中国法制出版社，2011

7 龚赛红．医疗损害补偿立法研究．北京：法律出版社，2001

8 李胜隆．医护法规概论．台北：华杏出版股份有限公司，1993

9 柳经纬，李茂年．医患关系论．北京：中信法律出版社，2002

10 李响．美国侵权法原理与案例研究．北京：中国政法大学出版社，2004

11 李仁玉．比较侵权行为法．北京：北京大学出版社，1996

12 邱聪智．从侵权行为归责原理之变动论危险责任之构成．北京：中国人民大学出版社，2006

13 邱聪智．民法研究（一）．北京：中国人民大学出版社，2002

14 强美英主编．医疗损害赔偿责任分担研究．北京：知识产权出版社，2010

15 屈芥民．专家民事责任论．长沙：湖南人民出版社，1998

16 王岳，邓虹．外国医事法研究．北京：法律出版社，2011

17 王利明．中国民法典学者建议稿及立法理由——侵权行为篇．北京：法律出版社，2005
18 王利明．侵权行为法归责原则研究．北京：中国政法大学出版社，2004
19 王利明．民法·侵权行为法．北京：中国人民大学出版社，1993
20 王利明主编．民法．北京：中国人民大学出版社，2000
21 王泽鉴．民法学说与判例（第五册）．北京：中国政法大学出版社，1998
22 翁开源，蔡维生．卫生法学．北京：科学出版社，2008
23 王卫国．过错责任原则：第三次勃兴．北京：中国法制出版社，2000
24 夏芸．医疗事故赔偿法——来自日本法的启示．北京：法律出版社，2007
25 杨立新．侵权行为法（下册）．长春：吉林人民出版社，1998
26 杨立新．侵权损害赔偿．长春：吉林人民出版社，1990
27 杨立新．医疗损害责任研究．北京：法律出版社，2009
28 于敏．日本侵权行为法（第2版）．北京：法律出版社，2006
29 赵西巨．医事法研究．北京：法律出版社，2008
30 朱柏松等．医疗过失举证责任之比较．武汉：华中科技大学出版社，2010
31 张民安．过错侵权责任制度研究．北京：中国政法大学出版社，2002
32 朱岩．侵权责任法通论．北京：法律出版社，2011
33 周枏．罗马法原理．北京：商务印书馆，1994
34 张新宝．隐私权的法律保护．第2版．北京：群众出版社，2004
35 张新宝．中国侵权行为法．北京：中国社会科学出版社，1995
36 赵同刚主编．卫生法立法研究：卫生法课题汇编．北京：法律出版

社，2003

37 曾世雄．损害赔偿法研究．北京：中国政法大学出版社，2001

38 郑玉波．民法债编总论．北京：三民书局，1993

39 ［美］H. P. 恰范特，蔡勇美、刘宗秀、阮芳赋著．医学社会学．上海：上海人民出版社，1987

40 ［英］厄莱斯代尔·麦克林．医疗法简明案例（影印本）．武汉：武汉大学出版社，2004

41 ［英］休谟．人性论．关文运译．北京：商务印书馆，1997

42 ［荷］J. 施皮尔主编．侵权法的统一 因果关系．易继明等译．北京：法律出版社，2009

43 ［德］克雷斯蒂安·冯·巴尔著．欧洲比较侵权行为法．张新宝译. 北京：法律出版社，2001

44 ［美］文森特 . R. 约翰逊著．美国侵权法．赵秀文等译．北京：中国人民大学出版社，2004

45 ［德］K. 茨威格特，H. 克茨．比较法总论．潘汉典，米健，高鸿钧等译．贵阳：贵州人民出版社，1992

46 ［德］卡尔·拉伦茨著．法学方法论．陈爱娥译．北京：商务印书馆，2005

47 侵权法重述第二版：条文部分．许传玺、石宏、和育东译．北京：法律出版社，2012

（二）论文类

1 戴剑波．公民医疗权若干问题研究．天津大学学报（社会科学版），2006（6）

2 侯国跃．输血感染损害责任的归责原则和求偿机制．社会科学，2014（2）

3 高乐鑫．法学类型化研究方法的基础问题研究．玉林师范学院学报，2013（6）

4 孔祥俊．论侵权行为法的归责原则．中国法学，1992（5）
5 梁丽．病人权利运动综述．医学与哲学，1999（2）
6 梁根林．争取人道死亡的权利——世界范围内的安乐死运动．比较法研究，2004（3）
7 李大平．患者知情同意权．证据科学，2004（4）
8 李剑，李艺扬．论医疗过失的认定．医学与哲学，2012（5A）
9 李雯静．论输血及血液制品感染的侵权责任——基于日本法上的经验．时代法学，2014（4）
10 刘鑫．医疗损害鉴定之因果关系研究．证据科学，2013（3）
11 马栩生．二十一世纪侵权责任法的发展．学术研究，2010（8）
12 彭诗祥．试论医疗产品的自然特性．医院管理论坛，2009（1）
13 宋旭明．论“医疗损害”的界定．时代法学，2006（3）
14 宋跃晋．药品缺陷的法律分析．河北法学，2010（11）
15 邵振，田侃．试论医疗产品缺陷的概念．价值工程，2012（16）
16 田野，焦美娇．从法院裁判看错误出生损害赔偿．西北工业大学学报（社会科学版），2014（2）
17 汪志刚．论民法上损害概念的形成视角．法学杂志，2008（5）
18 王洪平，苏海建．错误出生侵权责任之构成．烟台大学学报（哲学社会科学版），2008（7）
19 王全弟，陈爱碧．侵权法中的机会丧失理论．复旦学报，2007（3）
20 许传玺．侵权法事实自证制度研究．法学研究，2003（4）
21 杨立新．论医疗产品损害责任．政法论坛，2009（2）
22 杨丹．医疗行为的正当化研究．社会科学，2009（12）
23 杨自根．保护性医疗与患者知情同意权冲突的化解研究．医学与哲学，2011（9）
24 余湛，冯伟．论医疗损害侵权责任中的因果关系．中南大学学报

（社会科学版），2006（6）

25 朱苏力．医疗的知情同意与个人自由和责任——从肖志军拒签事件介入．中国法学，2008（2）

26 张赞宁．论医患关系的法律属性及处理医疗纠纷的特有原则．中国卫生法制，2002（2）

27 张赞宁．论医疗行为的违法阻却事由．首都医科大学学报（社会科学版），2008（6）

28 张巍琴，冯泽勇．关于在保护性医疗制度下尊重患者知情同意权的思考．医学与哲学，2009（7）

29 张红．错误出生的损害赔偿责任．法学家，2011（6）

30 张喆．医疗行为豁免权以及立法意义．锦州学院学报（社会科学版），2006（4）

31 张铁薇．关于侵权法的几点哲学思考．政法论坛，2012（2）

32 赵西巨．论违法告知义务之医疗侵权形态的特殊性．山东大学法律评论，2009（7）

33 赵西巨．关于我国医疗过失与因果关系之鉴定和认定的思考．证据科学，2011（19）

34 周益文．论美国医疗过失案件中注意标准的确立——从历史的视角纵向分析．中国卫生法制，2012（4）

35 曾培芳，段文波．德国表见证明理论在医疗诉讼证明责任分配中的运用．政治与法律，2007（4）

（三）学位论文类

1 陈志杰．“治愈或存活机会丧失”损害赔偿问题研究．泉州：华侨大学硕士学位论文，2008

2 戴翠虹．医疗侵权因果关系探析．杭州：浙江大学硕士学位论文，2011

3 葛洪涛．论侵权法中的因果关系．济南：山东大学博士学位论

文，2008
4 黄晓锦．存活或治愈机会丧失的损害赔偿．北京：对外经贸大学法律硕士学位论文，2007
5 黄锡娟．患者的医疗权利．上海：复旦大学法律硕士学位论文，2011
6 韩强．法律因果关系理论学说史述评．上海：华东政法大学博士学位论文，2007
7 郝丹丹．存活机会丧失的损害赔偿研究．烟台：烟台大学硕士学位论文，2008
8 李敏．输血感染所致医疗损害侵权赔偿分析．郑州：郑州大学硕士学位论文，2006
9 苗青．患者知情同意权研究．北京：中国政法大学硕士学位论文，2006
10 潘雯芝．论存活机会丧失的损害赔偿．南京：南京大学硕士学位论文，2011
11 王守亮．英美侵权法因果关系理论研究．济南：山东大学硕士学位论文，2006
12 赵伟．侵权责任法中免责事由的具体适用．烟台：烟台大学硕士学位论文，2013
13 邹玉萍．产前诊断失误之损害赔偿责任研究．重庆：西南政法大学硕士学位论文，2008
14 张琼．论机会丧失理论与侵权损失赔偿．南昌：江西财经大学硕士学位论文，2010
15 邹小静．论损害——以侵权责任法为视角．武汉：华中师范大学硕士学位论文，2011

二、外文类

1 Andrew Hockton, *The law of consent to Medical Treatment*, London:

Sweet & Maxwell Ltd. 2002

2 Joseph King, Causation, Valuation, and Chance in Personal Injury Torts Involving Preexisting Conditions and Future Consequences, *The Yale law Journal*, Vol 90 No. 6 (May, 1981)

后　　记

本书是我主持的2011年度教育部人文社会科学研究一般项目的最终成果。

20世纪以来，医患关系发生了重大变化，传统父权主义的医患关系遭到患者权利运动的挑战，患者不仅主张以知情同意为核心的积极参与医疗行为的权利，而且要求医生对其疏忽行为承担相应的法律责任，医疗侵权责任逐渐自成体系。医疗侵权责任的构成虽然具备侵权责任的一般构成要件，但无论是在过错的认定、因果关系的认定以及损害的认定上，都具有不同于一般侵权行为的特点；并且不同类型的医疗侵权责任的认定也各具特色，其中最具代表性的包括错误出生的侵权责任、存活或者治疗机会丧失的侵权责任、侵犯患者知情同意权、医疗产品损害责任和输血感染责任。研究医疗侵权损害的归责原则、责任构成和责任承担，必须考虑到医疗行为的技术性和高风险性，并要综合权衡医患双方的利益，使得法律对医患关系的调整符合社会的期待和需求。本书力图在整体分析医疗侵权责任构成要件的基础上，对医疗侵权责任的特殊类型进行精细化研究，从而建构起医疗侵权责任的完整体系。因为知识和能力所限，本书对医疗侵权责任归属的研究尚未到达精深，存在很多缺陷甚至错误，敬请读者批评指正。

研究伊始，恰逢女儿诞生，在初为人母的忙乱和因无法倾力投入研究的焦虑中度过了四年多的时光，所幸女儿健康活泼，本书也即将付梓出版，我的人生渐渐找寻到新的方向。

研究过程中常常遇到障碍，对每位帮助过我的人心怀感恩。感谢天津医科大学医学人文学院古津贤院长、苏振兴院长对我的支持和关怀；感谢我的同事强美英老师、李雅琴老师、焦艳玲老师、李志强老师、冼舒雅老师，与他们的探讨总会令我茅塞顿开。感谢我的硕士生曹怡然，她对本书的校对付出了辛勤的工作。

感谢知识产权出版社刘睿编审、刘江博士，他们的专业精神和认真态度给我留下了非常深刻的印象。

还要感谢我的先生雷爱民，他是位宽容乐观的丈夫、耐心细致的父亲；感谢我的女儿沐醍，她正是我的“人间四月天”。

感谢我的父亲母亲，正是在他们的督促下我终于完成了本书的写作。

石旭雯

2016 年 11 月 16 日